LA GRAMMAIRE EN ACTION

COURS RAISONNÉ ET PRATIQUE

DE

LANGUE FRANÇAISE

DÉVELOPPÉ SUR PLUS DE 150 HISTORIETTES ET RÉCITS

SERVANT

DE TEXTE ET D'EXERCICES D'APPLICATION

AVEC DES QUESTIONNAIRES

Et des RÉSUMÉS formant

UN ABRÉGÉ COMPLET DE GRAMMAIRE

PAR

JEAN FLEURY

PREMIÈRE PARTIE — PRINCIPES

PARIS

C. BORRANI, LIBRAIRE-ÉDITEUR

RUE DES SAINTS-PÈRES, 9

LA

GRAMMAIRE EN ACTION

PREMIÈRE PARTIE

PRINCIPES

COURS COMPLET
DE LANGUE ET DE LITTÉRATURE FRANÇAISE
PAR JEAN FLEURY.

I. **La Grammaire en action.** 3 volumes in-12.

1re PARTIE : PRINCIPES. 1 vol. in-12.

2e PARTIE : ORTHOGRAPHE, comprenant l'orthographe grammaticale, l'orthographe usuelle, la prononciation et la ponctuation. 1 vol. in-12.

3e PARTIE : SYNTAXE. 1 vol. in-12.

CORRIGÉ des Exercices d'application et RÉPONSES aux questionnaires, contenus dans les trois parties de la *Grammaire en action*, avec des Exercices supplémentaires, formant un cours complet de *Dictées sur toutes les parties de la grammaire.* 1 vol. in-12.

En préparation :

II. **Compléments de la grammaire.**

1. DICTÉES SUR LES HOMONYMES, contenant un dictionnaire explicatif avec des exemples, et des exercices dans lesquels tous les mots ayant le même son se trouvent rapprochés dans la même phrase. 1 vol. in-12.
2. CONTES ET RÉCITS, formant un cours de *Dictées sur l'Orthographe grammaticale et l'Orthographe usuelle*, sur le plan des exercices de la *Grammaire en action.* 1 vol. in-12.
3. CONTES ET RÉCITS, formant un cours de *Dictées* sur les difficultés de *Syntaxe*, sur le même plan. 1 vol. in-12.

III. **L'Art d'écrire,** traité pratique du style et de la composition littéraire.

1re PARTIE : EXERCICES ÉLÉMENTAIRES DE STYLE. Choix de 300 sujets gradués, anecdotes, descriptions d'objets familiers, fables à traduire en prose, descriptions et narrations plus étendues, contes, fables, et proverbes à développer, lettres, etc. Sujets, 1 vol. Corrigés, 1 vol.

2e PARTIE : TRAITÉ PRATIQUE DU STYLE, avec de nombreux exercices à chaque leçon, sur les qualités du style, les figures, le raisonnement, etc. Descriptions, narrations, dialogues, discours, dissertations, lettres, etc. — Traité de versification française avec de nombreux exercices de versification et de composition poétique. Préceptes et sujets, 1 vol. Corrigés, 1 vol.

3e PARTIE : PRINCIPES DE LITTÉRATURE, comprenant les divers genres d'ouvrages en prose et en vers : Poëmes, œuvres dramatiques, récits divers, histoire, discours, ouvrages descriptifs, didactiques, etc., avec des exercices à chaque leçon. Préceptes et sujets, 1 vol. Corrigés, 1 v.

Ces ouvrages sont conformes aux programmes, mais les exemples et les exercices sont entièrement nouveaux.

En vente chez C. BORRANI, rue des Saints-Pères, 9, et chez L. HACHETTE et Cie, boulevard Saint-Germain, 77.

IV. **Bibliothèque littéraire**. Analyses et extraits de tous les chefs-d'œuvre de la langue française, depuis 1600 jusqu'à nos jours, formant une histoire complète de la littérature française, par J. Fleury, Charles Parfait, et J. de la Fosse. 1re partie, Prose. 2e partie, Poésie. 2 vol. grand in-8° à deux colonnes. Prix : 12 fr.

Paris. — Imprimerie de Ch. Lahure, rue de Fleurus, 9.

LA

GRAMMAIRE EN ACTION

COURS RAISONNÉ ET PRATIQUE

DE

LANGUE FRANÇAISE

DÉVELOPPÉ SUR PLUS DE 150 HISTORIETTES ET RÉCITS

SERVANT

DE TEXTE ET D'EXERCICES D'APPLICATION

AVEC DES QUESTIONNAIRES

Et des RÉSUMÉS formant

UN ABRÉGÉ COMPLET DE GRAMMAIRE

PAR

JEAN FLEURY

PREMIÈRE PARTIE — PRINCIPES

PARIS

C. BORRANI, LIBRAIRE-ÉDITEUR

RUE DES SAINTS-PÈRES, 9

1864

PRÉFACE.

Deux propriétaires avaient chacun une maison à faire bâtir. Les deux constructions devaient être entièrement semblables. L'architecte n'avait fait qu'un plan, et l'on s'était contenté d'en prendre un double.

Seulement chaque propriétaire avait des idées différentes sur le meilleur moyen de construire.

Le premier fit venir des maçons et des charpentiers qui se mirent à l'œuvre; ils élevèrent les murailles du rez-de-chaussée, puis du premier, puis du second, ménageant les fenêtres, les portes, les cheminées là où elles devaient se trouver. Ils parvinrent ainsi jusqu'au sommet de l'édifice; les couvreurs le revêtirent de sa toiture. On mit des bouquets sur les cheminées, puis les maçons se retirèrent; leur travail était terminé.

On appela ensuite une autre classe d'ouvriers: les menuisiers et les serruriers. Ceux-ci firent les portes et les fenêtres, établirent des escaliers là où la place leur avait été ménagée, et garnirent successivement les divers étages des boiseries et des ferrures nécessaires.

Leur tâche terminée, ils se retirèrent à leur tour, et l'on appela la troisième série de travailleurs, les peintres et les colleurs de papiers.

Ceux-ci firent également leur besogne et dans les meilleures conditions, puisqu'ils n'étaient troublés ni par les maçons, ni par les menuisiers, et comme l'été se montra sec et chaud cette année-là, la maison fut bientôt habitable.

Le second propriétaire procéda différemment : au lieu de confier successivement une portion du travail à chacune des trois classes d'ouvriers, il les convoqua toutes trois à la fois, et lorsque les maço seurent élevé les murs du rez-de-chaussée, il livra ce qui était construit aux menuisiers et suspendit le travail des maçons, en leur enjoignant toutefois de se tenir prêts à la prochaine réquisition.

Ce qu'il avait désiré fut fait. Les menuisiers adaptèrent leurs parquets et leurs cloisons sur le plâtre encore frais; les papiers furent collés, mais l'humidité détruisait dans la nuit une partie de ce qui avait été fait le jour, et c'était toujours à recommencer. Un soir cependant les ouvriers vinrent l'avertir que leur besogne était enfin terminée. Il leur recommanda de se tenir prêts à continuer quand il leur en donnerait l'ordre et rappela les maçons.

Mais les maçons congédiés avaient eu le temps d'oublier ce qu'ils avaient fait, de sorte que le premier étage fut élevé lentement, avec ennui, et par conséquent mal exécuté. Quand ils livrèrent cet étage aux menuisiers et aux peintres, on s'aperçut que le rez-de-chaussée s'était considérablement détérioré, et qu'il fallait commencer par le réparer. La plus grande partie de la belle saison fut employée à faire et à refaire ces travaux, de sorte qu'au moment où la mauvaise saison arriva, le premier étage n'était pas encore terminé.

Quant à la maison du voisin, elle était non-seulement habitable depuis longtemps, elle était habitée.

Lequel des deux systèmes vous semble le plus sage? — Le premier, sans contredit, et c'est cependant le second que l'on applique le plus souvent.... en matière d'enseignement, du moins.

La grammaire, comme la construction d'une maison, se compose de trois parties distinctes.

La première est la classification des mots et l'étude de leurs fonctions dans le discours. C'est l'*a b c* de la science. Ce sont les murailles de la maison.

La seconde partie est l'Orthographe. Lorsqu'on sait la classe et la fonction des mots, on peut s'occuper du moyen de les représenter sur le papier avec toutes leurs variations. Cette étude répond au travail du menuisier qui dresse les escaliers, pose les portes et les fenêtres.

La troisième partie est la Syntaxe, qui s'occupe de l'accord des mots entre eux et de la composition des phrases. Elle achève l'édifice grammatical, comme les peintres et les décorateurs terminent la maison.

Quant à l'ameublement, c'est le fait de l'*Art d'écrire.*

Ces trois études s'appuient sur des facultés de l'esprit très-différentes. L'étude de la classification et de la fonction des mots est une affaire de raisonnement et se résume en un petit nombre de lois très-simples; l'orthographe est une affaire de mémoire qui ne se résume qu'en des lois hérissées d'exceptions. L'enfant à qui vous venez de montrer à reconnaître un verbe, vous suivra très-volontiers si vous lui apprenez à reconnaître un nom ou un pronom : c'est le même filon d'idées. Mais comment voulez-vous que ses connaissances encore mal affermies ne se troublent pas, lorsque vous viendrez lui enseigner à la fois les caprices orthographiques, et même les divisions et subdivisions de telle ou telle classe de mots? Lorsqu'il connaîtra l'ensemble, on pourra revenir sur ces détails; lorsque la maçonnerie sera faite, on placera les fenêtres et les escaliers.

C'est du moins de cette manière que nous avons abordé la question dans notre enseignement; c'est d'après ce système, — celui du premier propriétaire, — que notre grammaire est disposée. La triple étude, dont l'ensemble constitue la grammaire, se trouve divisée ici en trois parties bien distinctes, et qui n'empiètent pas l'une sur l'autre. La Syntaxe est séparée de l'Orthographe dans la plupart des grammaires, mais dans toutes, à peu près, l'étude des principes est confondue avec l'orthographe, et c'est là surtout que cette confusion a le plus d'inconvénient. Dans notre volume, rien ne distrait l'enfant de son but. Il reconnaît d'abord les dix espèces de mots, puis il étudie leurs subdivisions dans leurs traits essentiels, par les rapprochements et les contrastes, et enfin leurs fonctions.

Cette étude se fait toute par le raisonnement,— des raisonnements bien simples et à la portée du jeune âge, — de sorte que notre élève peut hésiter, si on le questionne, mais il ne se trompera pas; il ne pourra jamais confondre *la* article — *la* plume — avec *la* pronom, — je *la* vois, — ni avec *là* adverbe : — il est *là*, — parce qu'il arrive à ces mots par une voie toute différente. Ce n'est pas le son qui le frappe, c'est l'idée. Un petit nombre de leçons lui suffit pour être complétement maître de l'analyse grammaticale et de l'analyse logique; mais il fait ces deux analyses par raisonnement et non par routine, comme cela se voit d'ordinaire. Il ne se trouvera embarrassé que devant une difficulté grave, un gallicisme ou une figure de syntaxe.

Ajoutons qu'il est conduit à ce résultat par un chemin semé de fleurs. Une historiette qui l'amuse sert de texte à ses études. Il y a, outre l'agrément, une grande facilité et un grand avantage pratique à étudier, pour ainsi dire sur le vif, à surprendre les mots, les phrases *en action*, et fonctionnant dans le discours, au lieu de les étudier isolés, et à l'état de mort. Les Dictionnaires, la plupart des Grammaires, sont des catacombes où tout ce qui compose le langage est soigneusement classé et étiqueté, mais à l'état de squelette; lorsqu'on veut s'en servir, il faut faire un effort considérable pour donner de la vie à tous ces éléments. Ceux qui ont étudié de cette façon une langue morte ou étrangère savent combien cette méthode est lente et pénible, et quelle immense supériorité possède pour s'énoncer celui qui a étudié cette langue en l'entendant parler. Il en est de même de l'élève qui suit notre méthode. Voyant dans l'historiette qu'il étudie les phrases et les mots faisant chacun leur rôle et s'acquittant de leurs fonctions, il saisit le mécanisme de ces fonctions, la forme de ces mots et de ces phrases, avec une grande facilité. Pour peu qu'il soit intelligent et qu'il n'ait jamais appris la grammaire, ses progrès vous étonneront. Quelques leçons de cette étude sur le vif, de cette *grammaire en action*, lui en apprendront plus que plusieurs mois d'études par la méthode ordinaire, et quand vous lui demanderez de faire manœuvrer les mots et les phrases à son tour, quand vous l'exercerez à écrire de lui-même, il n'aura nulle idée de cet embarras qu'éprouvent ceux qui ont étudié le langage par fragments. Il est habitué à voir les mots fonctionnant, il les fait fonctionner; il a étudié sur des phrases, et il fait des phrases. Il a entendu parler la langue et il la parle par imitation, au lieu de la reconstruire d'après son Dictionnaire.

Veut-on une autre comparaison tirée de l'enseignement des arts? L'enfant que l'on exerce à dessiner minutieusement un œil d'abord, puis un nez, puis une bouche, éprouve un embarras inouï lorsqu'il veut faire une tête proportionnée. Celui qui a commencé par dessiner un personnage ne se doute pas même de cet embarras. C'est le cas de notre élève. L'expérience nous le prouve tous les jours.

La disposition des matières, dans notre petit volume, s'écarte quelquefois de celle qui est généralement adoptée. Il serait long et fastidieux d'indiquer ici toutes les raisons de détail qui nous ont déterminé dans tel ou tel cas. L'essentiel est que les rapprochements ou les oppositions soient justes, et qu'à la fin du chapitre, l'élève se trouve connaître tout ce qu'il doit savoir. Il est indifférent alors qu'on lui ait parlé du verbe passif avant de lui avoir expliqué ce que c'est que le verbe actif, que l'on ait rapproché les adjectifs et les adverbes, les noms et les pronoms. Si l'on reconnaît que dans notre grammaire toutes les parties s'enchaînent bien, que chaque enseignement nouveau est préparé par celui qui l'a précédé, peu importe que nous ayons quelque peu dévié en chemin de l'ordre habituel, puisque, en somme, nous arrivons au but plus vite que si nous nous étions conformé à la routine.

Nous avons du reste respecté religieusement la nomenclature établie ; nous avons fait à l'Article une place à part à côté des autres Déterminatifs ; nous avons laissé aux temps des verbes les appellations assez peu logiques qu'on leur a imposées. Nous ne nous sommes permis à cet endroit que deux ou trois petits écarts. Ainsi nous rejetons le mot *Substantif* pour trois raisons : il est pédantesque ; il ne dit rien à l'esprit des enfants : enfin il est vague, puisqu'il peut s'appliquer au pronom aussi bien qu'au nom. Nous avons répudié la qualification de *relatif* donnée au pronom *qui*, par une raison analogue (35), et, enfin, nous appelons le verbe impersonnel du nom qui lui convient (87) et non *unipersonnel*, parce que cette qualification ne le définit pas.

Notre définition du pronom, placée dès le début, nous a épargné beaucoup d'embarras de langage. Quant à celle du verbe, nous l'avons *éludée*. Rien de plus facile que de faire comprendre à un enfant ce que c'est qu'un verbe ; rien de plus difficile que d'en donner, non pas même à un enfant, mais à nous tous tant que nous sommes, une définition philosophique, exacte et satisfaisante. Du moins les grammairiens y ont-ils échoué jusqu'ici. Dira-t-on que le verbe est un mot qui marque l'existence ? — Mais *la vie*, qui est un nom, marque l'existence aussi. — Est-ce un mot qui indique une action ? — Mais les noms : la *marche*, la *danse*, l'*escrime*, indiquent des actions et ne sont pas des verbes. — Ajouterez-vous que cette action doit être faite par un sujet ? — A ce compte, *il pleut* n'est pas un verbe. Prétendra-t-on que le verbe est un mot qui marque l'affirmation ? — Mais les adverbes : *oui*, *certainement*, etc., marquent aussi l'affirmation. De toutes les définitions proposées, il n'en est pas une qui soit réciproque. La définition devrait faire connaître le défini, et dans tous les cas ci-dessus la connaissance du défini ne suffit pas à faire comprendre la définition. On nous dira que les définitions qui figurent au tableau de la page 104 ne sont pas non plus irréprochables ; on aura raison : aussi ne sont-ce pas là des définitions philosophiques, — celles-ci sont dans le livre, — mais des indications sommaires pour conduire l'élève par le plus court chemin à un but déterminé. Les naturalistes usent de ces indications dans ce qu'ils appellent des Méthodes artificielles. Ces sortes de définitions ne sont pas fausses, elles ne sont qu'incomplètes.

La définition du complément indirect ne s'applique pas à certains cas très-communs :

Ève marchait à côté d'Adam ; il *lui* dit....

Lui est ici pour *à elle* ; c'est un complément indirect, et cependant il n'y a devant ce mot aucune préposition exprimée ni sous-entendue. Pour expliquer ce fait et d'autres du même genre, nous avons été amené à faire figurer dans un Appendice ce qui survit en français de la déclinaison latine. Cet appendice pourra être passé par les élèves qui n'auront pas à étudier d'autre langue que la nôtre. Il nous a paru nécessaire cependant, car outre qu'il éclaircit un point de grammaire, il complète le tableau des principes grammaticaux de tous les idiomes européens. Quelque langue, morte ou vivante que l'élève étudie, après avoir lu notre livre, il n'aura rien de nouveau à apprendre en fait de théorie ; il n'aura à se préoccuper que des mots de la langue nouvelle.

D'autres passages, — en petit nombre, — ont été également imprimés en caractères plus petits. Ceux-là aussi pourront être passés, au moins à une première étude de la grammaire; il en est de même des exercices *supplémentaires.*

Nous citons les auteurs auxquels nous empruntons nos historiettes, mais nos citations ne sont textuelles qu'autant que le nom de l'auteur figure au bas. Encore dans ce cas nous sommes-nous permis quelquefois de légères modifications pour un motif ou pour un autre. Quant aux récits non signés, nous n'avons emprunté à l'auteur désigné que son idée et non sa rédaction.

Dans l'étude que l'on fera de ces récits pour y puiser les exemples qui se rapportent à la leçon, il faut que l'élève trouve le plus de choses possible de lui-même , et le professeur doit se borner à le guider. Il est bien entendu que tous les Exercices devront être faits avec soin, et que l'on n'en passera aucun, les *supplémentaires* exceptés. Quant au *Questionnaire*, il est inutile de le faire intervenir dès le début. Il vaut mieux attendre que l'enfant ait prouvé par le fait qu'il comprend parfaitement, avant de le mettre en présence d'une autre difficulté, celle de rendre compte de ce qu'il a appris. Ceci, du reste, n'est que pour le début. Plus tard les Questionnaires seront d'un grand secours. Hors le cas d'une définition, l'élève doit s'habituer à répondre en termes équivalents à ceux de la Grammaire, sans s'astreindre à les répéter textuellement.

Le *tableau résumé* devra toujours, au début, se trouver en face de l'élève, lorsqu'on lui demandera d'analyser de vive voix. Si quelque mot l'embarrasse, on lui fera lire le tableau jusqu'à ce qu'il y ait trouvé la réponse qu'il cherche. Plus tard, lorsque le tableau sera bien connu, on se dispensera d'y recourir.

L'étude des principes doit être isolée au début pour éviter la confusion ; mais, une fois le verbe étudié, il sera à propos de commencer l'étude de l'orthographe qui fait le sujet de notre seconde partie, et cette étude devra se poursuivre parallèlement avec celle de l'analyse, qui occupe les deux derniers chapitres de ce volume. L'étude du court *appendice* sur les lettres et les accents forme une introduction naturelle à l'orthographe.

L'enseignement des Principes de la grammaire se présente ici sous deux formes distinctes, avec développements d'abord, puis d'une manière résumée.

La partie développée n'est pas destinée à être apprise par cœur. L'élève devra l'étudier soigneusement, chercher dans l'historiette placée en tête les mots et les phrases qui s'appliquent à la leçon, en rendre compte à l'aide du Questionnaire, faire les exercices qui s'y rapportent, puis, pour fixer complétement cet enseignement dans l'esprit, apprendre par cœur la partie correspondante du Résumé.

Les professeurs qui auraient peu de temps, pourraient suivre la méthode inverse, c'est-à-dire donner d'abord le résumé à apprendre après l'avoir expliqué, puis se servir de la partie développée, comme d'un commentaire que l'élève devrait étudier et dont il aurait à rendre compte. Mais évidemment cette méthode ne serait pas aussi profitable que la première. Il est bien entendu que tous les exercices devront toujours être faits, quelle que soit la marche que l'on préfère.

Quant aux récits, on peut en tirer une double utilité. Non-seulement on y trouve le texte des explications grammaticales, mais on peut aussi en faire le texte d'un exercice de style. Après avoir fait lire l'histoire à l'enfant, on peut la lui faire raconter de vive voix, et même par écrit, en lui retirant le livre. Pour que la mémoire ne joue pas un trop grand rôle dans ce travail, on donnerait la préférence à la rédaction qui, tout en reproduisant avec élégance les circonstances du récit imprimé, s'éloignerait le plus du texte par les mots et les tournures de phrases.

LA

GRAMMAIRE EN ACTION.

PREMIÈRE PARTIE.

PRINCIPES.

CHAPITRE I[1].

LES DIX ESPÈCES DE MOTS.

On a distribué tous les mots de la langue française en *dix* classes, d'après leur nature et la manière dont on les emploie.

Nous passerons rapidement en revue ces dix espèces de mots ou *parties du discours*.

Un petit récit nous fournira nos exemples.

LE ROSIER[2].

Marie avait planté dans un pot un petit rosier qui, dès le premier printemps, s'était prématurément couvert de boutons. Marie tenait beaucoup à son rosier: chaque matin elle l'arrosait d'eau bien fraîche; chaque jour elle le plaçait au soleil, en

1. Voir à l'*Appendice*, un chapitre sur les syllabes, les lettres et les signes orthographiques.
2. Tiré d'un conte de Schmid.

prenant soin de le retirer dès que la chaleur devenait trop vive; chaque soir enfin elle le rentrait soigneusement de peur que la fraîcheur de la nuit ne lui devînt funeste. Un soir, cependant, qu'elle avait beaucoup joué avec ses compagnes, elle oublia de rentrer l'arbuste chéri. Une gelée survint pendant la nuit, et le lendemain matin quand elle courut à son rosier pour lui donner les soins accoutumés, elle reconnut avec douleur que la gelée en avait flétri tous les boutons. « Ah ! s'écria-t-elle, une seule imprudence m'a fait perdre le fruit de tous mes soins. »

I.

1. — Nous remarquons d'abord, dans ce récit, des mots qui peuvent se *conjuguer*.

Conjuguer, c'est dire, par exemple : *je plante*, *tu plantes*, *il plante*, *nous plantons*, *vous plantez*, *ils plantent*; *j'avais*, *tu avais*, *il avait*, etc.

« Marie *avait planté*. » Ces deux mots, *avait* et *planté*, peuvent se conjuguer.

« *Couvert* de boutons ; elle *tenait* à son rosier ». On peut dire : *je couvre*, *tu couvres*, etc., *je tiens*, *tu tiens*, etc. Voilà encore des mots qui se *conjuguent*.

On ne peut faire ces changements qu'avec un petit nombre de mots; les autres : *Marie*, *dans*, *rosier*, *printemps*, s'y refusent absolument.

Ceux qui s'y prêtent sont des VERBES.

Cherchez d'abord tous les verbes de ce petit récit. — Il y en a 24, sans compter ceux qui sont répétés.

2. — Il y a ensuite des mots qui servent à désigner les personnes, les choses, les idées, tout ce qui existe enfin, — soit que nous puissions le voir ou le toucher, soit que cela n'existe que dans notre imagination.

Parmi les mots qui désignent les personnes ou les

choses, il y en a qui les *nomment*, et d'autres qui les *désignent sans les nommer*.

Ceux qui les nomment sont des NOMS OU SUBSTANTIFS.

Ceux qui ne les nomment pas sont des PRONOMS.

Le mot *Marie*, qui commence le récit, désigne une petite fille et la nomme ; c'est un *nom*.

Le mot *elle*, qui commence la phrase suivante, désigne la même petite fille et ne la nomme pas ; c'est un *pronom*.

Le *rosier* est *nommé* à diverses reprises : ce mot désigne un arbuste ; c'est un *nom*.

Et quand on lit plus loin : « Elle *le* plaçait au soleil, » le mot *le* désigne encore le rosier, mais sans le nommer ; c'est un *pronom*.

Le *printemps*, le *matin*, le *soir*, le *soleil*, l'*eau*, la *fraîcheur*, la *nuit*, l'*imprudence*, le *fruit*, les *soins*, voilà des noms.

Il, *elle*, *lui*, *nous*, *vous*, *celui-là*, *quelqu'un*, voilà des pronoms.

Cherchez tous les noms et les pronoms qui sont contenus dans l'histoire du *Rosier*. Il y a 22 noms et 6 pronoms.

EXERCICE. Faire une liste des *verbes*, des *noms* et des *pronoms* qui se trouvent dans le morceau suivant.

LA CHAUMIÈRE RUSSE [1].

[Prascovie Lapoulof était partie à pied de Tobolsk en Sibérie pour aller à Saint-Pétersbourg demander à l'empereur Paul la grâce de son père exilé.]

I. Parmi les situations pénibles de son voyage, il en est une dans laquelle la jeune fille crut sa vie menacée, et qui mérite d'être connue par sa singularité.

1. Extrait de la *Jeune Sibérienne*, de Xavier de Maistre.

Elle marchait un soir le long des maisons d'un village, pour chercher un logement, lorsqu'un paysan qui venait de lui refuser très-durement l'hospitalité la suivit et la rappela. C'était un homme âgé, de très-mauvaise mine. Prascovie hésita si elle accepterait son offre, et se laissa cependant conduire dans sa chaumière, craignant de ne pas obtenir un autre gîte. Elle ne trouva chez lui qu'une femme âgée, et dont l'aspect était encore plus sinistre que celui de son conducteur. Ce dernier ferma soigneusement la porte et poussa les guichets des fenêtres. En la recevant dans leur maison, ces deux personnes lui firent peu d'accueil : elles avaient un air si étrange, que Prascovie éprouvait une certaine crainte, et se repentait de s'être arrêtée chez elles. On la fit asseoir. La cabane n'était éclairée que par des esquilles de sapin enflammées, plantées dans un trou de la muraille, et qu'on remplaçait souvent lorsqu'elles étaient consumées. A la clarté lugubre de cette flamme, lorsqu'elle se hasardait à lever les yeux, elle voyait ceux de ses hôtes fixés sur elle. Enfin, après quelques minutes de silence : « D'où venez-vous? lui demanda la vieille. — Je viens d'Ichim, en Sibérie, et je vais à Pétersbourg. — Oh! oh! vous avez donc beaucoup d'argent pour entreprendre un si grand voyage? — Il ne me reste que quatre-vingts copeks en cuivre [1], répondit la voyageuse intimidée. — Tu mens! s'écria la vieille; oui, tu mens! On ne se met point en route pour aller si loin avec si peu d'argent! »

QUESTIONNAIRE. Qu'est-ce qu'un verbe? — Qu'est-ce que c'est que conjuguer? — Qu'est-ce que c'est qu'un nom? — Qu'est-ce qu'un pronom?

Exercice supplémentaire [2]. 1. Tirez des *verbes* des mots :

Pot, bouton, fraîche, gelée, négligence, fruit, grâce, situation, voyage, vie, singularité, long, logement, offre, accueil, crainte, flamme, grand, loin.

2. Tirez des *noms* des mots :

Planter, petit, couvert, arrosait, fraîche, plaçait, vive, soigneusement, joué, compagne, oublier, courut, reconnut, flétrir, perdre.

Partir, demander, crut, menacer, mériter, connu, marcher,

1. Environ 80 centimes.

2. Les *Exercices supplémentaires* doivent être réservés pour la *seconde* étude de la grammaire.

chercher, venait, refuser, rappeler, hésiter, conduire, craignant, fermer, recevant, éprouver, repentait, arrêter, éclairer, enflammer, hasarder, entreprendre, rester, mentir, mettre.

II.

Nous avons appris à connaître les *verbes*, les *noms* et les *pronoms*. Continuons notre revue des diverses classes de mots.

3. — Il en est qui indiquent *comment* sont les personnes et les choses et *dans quelles circonstances* elles se trouvent.

« Le rosier était *petit ;* on était au *premier* printemps ; l'eau était *fraîche ;* la chaleur était *vive ;* la fraîcheur pouvait être *funeste* au rosier ; l'arbuste était *chéri ;* les soins étaient *accoutumés ;* etc. »

« Elle jouait avec *ses* compagnes ; elle courut à *son* rosier ; le fruit de tous *mes* soins, » dit Marie.

Ces mots qui indiquent *comment* sont les êtres, ou qui, pour parler grammaticalement, indiquent les *qualités* et les *manières d'être* des noms, ces mots sont des ADJECTIFS.

Cherchez tous les adjectifs contenus dans les deux récits ci-dessus. — Il y en a 14 dans l'histoire du *Rosier* et 33 dans celle de Prascovie.

4. — D'autres mots servent à indiquer, non plus comment *sont* les personnes ou les choses, mais comment se *font* les *actions* marquées par les verbes, comment *sont* les *qualités* marquées par les adjectifs ; à représenter enfin les *circonstances* qui accompagnent ces *actions* ou ces *qualités*. Ce sont les ADVERBES.

« Le rosier s'était couvert *prématurément* de boutons ; Marie rentrait *soigneusement* son rosier ; elle y tenait *beau-*

coup; le paysan avait refusé *très-durement* un logement à Prascovie; il ferma *soigneusement* la porte, etc. »

Ces mots *prématurément*, *soigneusement*, *très-durement*, nous indiquent *comment* se firent les actions de *se couvrir*, de *rentrer*, de *refuser*, de *fermer* la porte. Ce sont des *adverbes*.

« Elle l'arrosait d'eau *bien* fraîche; elle craignait pour son rosier la chaleur *trop* vive. Le paysan avait *très*-mauvaise mine; l'aspect de la femme était *encore plus* sinistre que celui du mari; ils avaient un air *si* étrange, etc. »

Ces mots *bien*, *trop*, *très*, *encore plus*, *si*, indiquent *comment* étaient les *qualités* marquées par les adjectifs *fraîche*, *vive*, *mauvaise*, *sinistre*, *étrange*. Ce sont encore des *adverbes*.

Cherchez les adverbes qui se trouvent dans les deux récits précédents. — Il y en a en tout 10.

QUESTIONNAIRE. Qu'est-ce qu'un adjectif? — Qu'est-ce qu'un adverbe? — En quoi l'adjectif diffère-t-il de l'adverbe? — A quelle sorte de mots se joint l'adverbe?

Exercice supplémentaire. 1. Tirez des *adjectifs* des mots :
Printemps, soin, chaleur, enfin, nuit, douleur, négligence, fruit.
2. Tirez des *adverbes* des mots :
Petit, premier, fraîche, soin, chaleur, vive, chéri, douleur, négligence, fruit.

5. — Les grammairiens ont séparé de l'adjectif, avec lequel il a du reste un très-grand rapport, un petit mot qui se place souvent devant les noms.

« *Le* printemps, *la* chaleur, *la* nuit, *les* soins, *les* boutons, *les* situations, etc. »

Ce mot ne se met devant les noms que lorsqu'ils sont *bien connus* de celui à qui l'on parle, bien *déterminés* pour lui, soit par ce qui précède, soit par certaines expressions dont ils sont accompagnés.

Ce mot, — qui a pour fonctions *d'annoncer que le nom est déterminé* et *connu,* — a reçu le nom d'ARTICLE.

Cherchez les articles dans les deux récits précédents, et assurez-vous que les noms devant lesquels ils sont placés sont bien *déterminés.*

6. — Certains mots sont à la fois des verbes et des adjectifs; *planté, couvert, menacé, connu, craignant, repoussé,* etc., sont de ce nombre.

En effet le rosier était *planté;* il était *couvert* de boutons; la vie de Prascovie était *menacée;* l'aventure mérite d'être *connue;* la jeune fille était *craignant* d'être *repoussée;* etc. Ces mots qui indiquent *comment* sont les personnes ou les choses auxquelles ils se rapportent, sont de véritables *adjectifs.*

Mais ce sont aussi des *verbes,* car on peut dire : *je couvre, tu couvres,* etc.; *je plante, tu plantes,* etc.; *je menace, tu menaces,* etc.; *je connais, je crains,* etc.

Ces mots qui sont à la fois des *verbes* et des *adjectifs,* et qui *participent* de la nature de ces deux espèces de mots, ont reçu un nom particulier; ce sont des PARTICIPES.

Reconnaissez les participes renfermés dans les deux récits ci-dessus. — Il y en a 18 en tout, sans compter ceux qui sont précédés du mot EN.

EXERCICE. Faire une liste de tous les *adjectifs,* les *articles,* les *participes* et les *adverbes* qui se trouvent dans le récit suivant.

LA CHAUMIÈRE RUSSE.

II. La jeune fille avait beau protester que c'était là tout son avoir, on ne la croyait pas. La femme ricanait avec son mari. « De Tobolsk à Pétersbourg avec une pareille somme, disait-elle; c'est probable, vraiment! » La malheureuse fille, outragée et tremblante, retenait ses larmes, et priait Dieu tout bas de la secourir. On lui donna cependant quelques pommes de terre, et dès qu'elle les eut mangées, son hôtesse lui conseilla de s'aller coucher. Prascovie, qui commençait fortement à soupçonner ses hôtes d'être des voleurs, aurait volontiers donné le reste de son argent pour être délivrée de leurs mains. Elle se déshabilla en partie avant de monter sur le poële où elle devait passer la nuit, laissant en bas, à leur portée, ses poches et son sac, afin de leur donner la facilité de compter son argent et pour s'épargner la honte d'être fouillée.

Dès qu'ils la crurent endormie, ils commencèrent leurs recherches. Prascovie écoutait avec anxiété leur conversation. « Il est impossible qu'elle n'ait que du cuivre, disaient-ils; elle a sûrement des assignats sur elle. Je lui ai vu au cou, ajouta la vieille, un cordon auquel pend un petit sac; c'est là qu'est l'argent. » C'était un petit sac de toile cirée, contenant son passe-port, qu'elle ne quittait jamais.

QUESTIONNAIRE. Qu'est-ce que l'article? — Qu'est-ce que le participe?

Exercice supplémentaire. Tirez des *participes* des verbes suivants :

Tenait, arrosait, plaçait, activer, devenait, rentrait, oublier, reconnut, pendre.

Pour trouver les participes, dites : Il est *comment?* — *Réponse :* il est *tenu*, *arrosé*, etc.

III.

Sept espèces de mots nous sont déjà connues. Il ne nous reste plus à étudier que les trois dernières.

7. — La PRÉPOSITION ne va jamais seule. Elle est toujours *suivie* d'un *nom*, d'un *pronom*, d'un *verbe*, quelquefois même d'un *participe*, et elle met ces *compléments* en rapport avec les mots précédents.

« Le rosier était couvert *de* boutons; Marie tenait *à* son rosier ; elle l'arrosait *d'*eau fraîche ; elle le plaçait *au* soleil ; elle avait joué *avec* ses compagnes ; elle oublia *de* rentrer l'arbuste ; elle perdit le fruit *de* ses soins. »

« La cabane était éclairée *par des* esquilles *de* sapin plantées *dans* un trou *de* la muraille ; *à* la clarté *de* cette flamme, elle se hasardait *à* lever les yeux etc, »

Ces petits mots font, comme l'on voit, communiquer les noms, les pronoms, les adjectifs, les verbes, les adverbes même, soit entre eux, soit avec d'autres mots. C'est comme un pont jeté entre les mots.

8. — Les prépositions *à* et *de* se *contractent* quelquefois avec certains mots, de manière à n'en former qu'un avec eux.

A, devant l'article *le*, devient *au ; à* devant *les* devient *aux*.

« Marie plaçait son rosier *au* soleil et *à la* fraîcheur. La gelée fut funeste *aux* boutons du rosier. »

De même *à lequel* devient *auquel ; à lesquels*, *à lesquelles*, deviennent *auxquels*, *auxquelles*.

« L'homme *auquel* Prascovie s'adressa.... les personnes *aux*quelles elle eut affaire. »

De se contracte aussi avec l'article, et *de le* devient *du ; de les*, *des ; de lequel*, *duquel ; de lesquels*, *de lesquelles* deviennent *desquels*, *desquelles ; de qui* se contracte également et devient *dont :*

« La femme *dont* l'aspect était encore plus sinistre que celui du mari. »

9. — Les principales prépositions sont :

A, de, par, pour ; dans, hors ; sur, sous ; avec, sans ; en, dès ; avant, après ; entre, parmi ; vers, envers, chez, contre ; devant, derrière ; depuis, malgré, outre, selon, vis-à-vis, voici, voilà.

Attendu, excepté, pendant, durant, touchant, sauf; à cause de, à travers, au delà de, loin de, près de, jusqu'à, quant à, etc.

Quand une préposition est composée de plusieurs mots, on l'appelle *locution prépositive*.

La préposition forme avec les mots qui en dépendent un *complément indirect* (113, 115).

10. — La préposition avec le mot qui en dépend équivaut souvent à un adverbe : *avec douceur*, doucement; *avec tristesse*, tristement; etc. Il y a donc entre la préposition et l'adverbe une certaine parenté; et quelques prépositions deviennent des adverbes lorsqu'on n'exprime pas, lorsqu'on *sous-entend*, leurs *compléments*. Ce sont surtout les suivantes :

Avant, *devant*, *après*, *derrière*, *auprès*, *près*, *proche*, *depuis*, *en outre*, *deçà*, *delà*.

« Paul marchait *devant*; les autres venaient *après*. »

Reconnaissez les prépositions contenues dans le *Rosier* et les deux morceaux précédents de la *Chaumière russe*.

Questionnaire. Qu'est-ce qu'une préposition? — Citez des prépositions. — N'y en a-t-il pas qui se contractent avec l'article? — Donnez-en des exemples. — Quand est-ce que deux mots se contractent? — *Dont* est-il un mot contracté? — Quels sont les mots qu'il remplace? — N'y a-t-il pas des prépositions de plusieurs mots? — N'ont-elles pas reçu un nom particulier? — N'y a-t-il pas des prépositions qui peuvent devenir des adverbes? — Quand cela arrive-t-il?

Exercice supplémentaire. Remplacez les adverbes suivants par une préposition avec son complément (comme on remplace *doucement* par *avec douceur*, etc.) :

Fortement, partiellement, certainement, timidement, gracieusement, témérairement, brusquement, silencieusement.

Faites une liste des prépositions qui marquent un rapport de position, comme : *sur*, *sous*, etc.;

Et une liste des prépositions qui sont en opposition deux à deux, comme : *avec*, *sans*, etc.

11. — La conjonction sert aussi de lien dans le dis-

cours; mais, au lieu de rapprocher les *mots*, elle lie les *idées*; elle indique les rapports qu'ont entre elles les *parties semblables* d'une phrase ou les *phrases* elles-mêmes.

La conjonction n'a *jamais de complément*.

« Chaque jour elle plaçait son rosier au soleil, *puis* elle le retirait.... Chaque soir elle le rentrait, *de peur que* la fraîcheur de la nuit.... *Quand* elle courut à son rosier, elle reconnut *qu*'il était gelé.

« Elle marchait le long des maisons *lorsqu*'un paysan la rappela.... Elle hésita *si* elle accepterait son offre.... Elles avaient un air si étrange *que* Prascovie, etc. »

Le mot *puis* marque entre les deux phrases un rapport de succession; *de peur que*, un rapport de précaution; *lorsque*, un rapport de temps; *si* indique une condition entre les deux phrases; *que* lie des parties de phrases dépendantes l'une de l'autre; etc.

Tous ces mots sont des *conjonctions*. Voici la liste des principales :

Et, puis, ni, aussi, mais, pourtant, ou, or, car, parce que, si, sinon, quand, lorsque, quoique, puisque, comme, comment, que, avant que, après que, sans que, ainsi que, etc.; au reste, au surplus, au contraire, par conséquent, etc. [1].

12. — La conjonction est quelquefois composée d'un nombre de mots plus grand; on l'appelle alors *locution conjonctive* : *Si ce n'est que*, *si tant est que*, *une fois que*, *tant il y a que*, etc.

Cherchez les conjonctions employées dans les trois morceaux ci-dessus.

1. Beaucoup de ces mots sont aussi des adverbes à l'occasion. *Si*, *comme*, *aussi*, sont souvent adverbes de quantité; *quand* est parfois adverbe de temps : « A *quand* notre entrevue? » etc. Pour reconnaître la classe d'un mot, c'est moins le mot en lui-même qu'il faut considérer que son rôle dans la phrase.

QUESTIONNAIRE. Qu'est-ce que la conjonction? — En quoi diffère-t-elle de la préposition? — Comment appelle-t-on une conjonction composée de plusieurs mots? — Certaines conjonctions ne peuvent-elles pas devenir des adverbes? — Citez-en des exemples.

Exercice supplémentaire. Faites une liste des conjonctions qui marquent : 1° une opposition ; — 2° une cause ; — 3° une condition; — 4° une succession; — 5° une conséquence; — 6° une comparaison.

13. — La dixième et dernière espèce de mots est l'INTERJECTION.

L'interjection n'est autre chose qu'un cri, une exclamation. La plupart de ces mots sont communs à toutes les langues.

Les principales sont :

Ah! ha! eh! hé! oh! ho ! ohé! holà! ô! bah! fi! hélas! aie! ouf! eh bien! bravo! paix! chut! gare! etc.

Cherchez les interjections contenues dans les trois morceaux ci-dessus.

QUESTIONNAIRE. Qu'est-ce que l'interjection?

EXERCICE. Faites une liste des *prépositions* et des *conjonctions* contenues dans le morceau suivant.

Indiquez les cas où les prépositions *à* ou *de* se sont *contractées* avec un article ou un pronom, et le complément de chaque préposition.

LA CHAUMIÈRE RUSSE.

III. Ils se mirent à parler plus bas, et les mots qu'elle entendait de temps en temps n'étaient pas faits pour la rassurer. « Personne ne l'a vue entrer chez nous, disaient ces misérables; on ne se doute pas même qu'elle soit dans le village. » Ils parlèrent encore plus bas. Après quelques instants de silence, et lorsque son imagination lui peignait les plus grands malheurs, la jeune fille vit tout à coup paraître auprès d'elle la tête de l'horrible vieille qui grimpait sur le poêle. Tout son sang se glaça dans ses veines. Elle la conjura de lui laisser la vie, l'assurant de nouveau qu'elle n'avait point d'argent; mais l'inexorable visiteuse, sans lui répondre, se mit à chercher dans ses habits, dans ses bottines, qu'elle lui fit ôter. L'homme apporta de la lumière : on examina le sac du passe-port, on lui fit ouvrir les mains; enfin, le vieux couple, voyant ses recherches inutiles, descendit, et laissa notre voyageuse plus morte que vive.

EXERCICES SUR LE CHAPITRE PREMIER.

Faire des listes :

1° des *verbes;*

2° des *noms* et des *pronoms;*

3° des *articles*, des *adjectifs*, des *adverbes*, avec l'indication des mots auxquels ils se rapportent ;

4° des *prépositions* avec leurs *compléments* et leurs *contractions;*

5° des *conjonctions* et des *interjections*, s'il y en a ;

contenus dans le morceau suivant.

LA CHAUMIÈRE RUSSE.

IV. Cette scène effrayante, et plus encore la crainte de la voir se renouveler, la tinrent longtemps éveillée. Cependant, lorsqu'elle reconnut à leur respiration bruyante que ses hôtes s'étaient endormis, elle se tranquillisa peu à peu, et, la fatigue l'emportant sur la frayeur, elle s'endormit elle-même profondément.

Il était grand jour lorsque la vieille la réveilla. Elle descendit du poêle, et fut tout étonnée de lui trouver, ainsi qu'à son mari, un air plus naturel et plus affable. Elle voulait partir; ils la retinrent pour lui donner à manger. La vieille en fit aussitôt les préparatifs avec beaucoup plus d'empressement que la veille. Elle prit la fourche et retira du poêle le pot au *chichi* [1], dont elle lui servit une bonne portion : pendant ce temps le mari soulevait une trappe du plancher sous lequel était le seau du *kvasse* [2], et lui en servit une pleine cruche. Un peu rassurée par ce bon traitement, elle répondit avec sincérité à leurs questions, et raconta une partie de son histoire. Ils eurent l'air d'y prendre intérêt; et, voulant justifier leur conduite précé-

1. Potage aux choux aigres. — 2. Boisson faite avec du grain fermenté.

dente, ils l'assurèrent qu'ils n'avaient voulu savoir si elle avait de l'argent que parce qu'ils l'avaient mal à propos soupçonnée d'être une voleuse.

Lorsqu'elle se fut quelque peu éloignée du village, elle eut la curiosité de compter son argent.... Au lieu de quatre-vingts copeks qu'elle croyait avoir, elle en trouva cent vingt. Ses hôtes en avaient ajouté quarante.

CHAPITRE II.

GENRES ET NOMBRES.

L'HERBE MERVEILLEUSE [1].

Deux jeunes paysannes, Rose et Claudine, allaient vendre au marché des légumes, des œufs et d'autres produits de la ferme où elles étaient employées. Leurs fardeaux étaient lourds, et elles s'arrêtaient de temps à autre pour se reposer.

Claudine s'ennuyait fort et grommelait sans cesse entre ses dents. Rose, au contraire, se sentait égayée par ce beau soleil du matin, par ces oiseaux qui chantaient sous le feuillage, par le parfum des fleurs qui bordaient le chemin, et elle ne tarissait pas en joyeuses saillies.

« Je ne te comprends pas, lui disait Claudine. Tu es aussi chargée et aussi fatiguée que moi, et cependant, loin de te plaindre, tu ris et tu babilles comme si tu n'avais rien de mieux à désirer.

— C'est que j'ai ajouté à mon fardeau une herbe merveilleuse qui manque au tien, une herbe qui a pour effet de nous faire supporter gaiement tout ce que Dieu et ceux dont nous dépendons peuvent nous imposer.

— Et quelle est cette herbe? demanda Claudine.

— La patience[2]. Avec la patience, il n'est pas de tâche qui ne devienne supportable, pas de peine qui ne s'adoucisse, pas d'étude, quelque pénible qu'elle puisse être, qui ne finisse par devenir agréable. Essaies-en, et tu m'en diras des nouvelles. »

Claudine crut sa compagne, elle cessa de s'impatienter; dès

1. Tiré d'un conte de Schmid. — 2. Il y a en effet une plante de ce nom.

lors le fardeau lui sembla plus léger, et, arrivée à la ville, elle s'étonna d'avoir trouvé le reste du chemin si court.

I.

Nous avons appris à distinguer les dix espèces de mots qui composent la langue française.

On les trouvera toutes dans le récit qui précède, à l'exception de l'interjection.

Il y a des VERBES : *allaient*, *vendre*, *employées*, etc.

Des ARTICLES : *la* ferme, *la* patience, *le* fardeau, etc.

Des ARTICLES CONTRACTÉS avec des prépositions : *des* légumes, *des* œufs, *des* fleurs, *des* chemins, *au* marché, etc.

Des ADJECTIFS : *jeune*, *lourde*, *beau*, *joyeuse*, etc.

Des PARTICIPES : *employée*, *égayée*, *chargée*, etc.

Des ADVERBES : *mieux*, *aussi*, *gaiement*, *fort*, etc.

Des PRÉPOSITIONS : le produit *de* la ferme ; égayée *par* les oiseaux qui chantaient *sous* le feuillage ; elle ne tarissait pas *en* joyeuses saillies ; *avec* la patience, etc,

Des CONJONCTIONS : *au contraire*, *et*, *cependant*, *que*, etc.

Il y a surtout des NOMS : *paysannes*, *Rose*, *Claudine*, *marché*, *légumes*, *ferme*, *fardeau*, *temps*, etc.

Et des PRONOMS : *elle*, *se*, *je*, *te*, *tu*, *moi*, *ce*, etc.

14. — Parmi les noms et les pronoms, il y en a qui servent à désigner des hommes, comme *Pierre*, *Nicolas*, *père*, *compagnon* ; *ils*, *eux*, etc.

Et d'autres qui servent à désigner des femmes, comme *Rose*, *Claudine*, *Prascovie*, *mère*, *compagne* ; *elle*, etc.

Les premiers sont du GENRE MASCULIN ; les seconds du GENRE FÉMININ.

15.—Mais le genre masculin n'est pas uniquement réservé aux noms d'hommes, ni le féminin uniquement aux noms de femmes. Les noms des choses sont aussi, les uns, du masculin, comme :

Le marché, le légume, le fardeau, le temps, le soleil, le matin, l'oiseau, le feuillage, etc.

Les autres du genre féminin, comme :

La ferme, la dent, la fleur, la saillie, l'herbe, la patience, la tâche, etc.

Quand on peut mettre *le* ou *un* devant un nom, il est masculin :

Le livre, *le* pont, *le* ciel, *un* cœur, etc.

Le nom est féminin quand on peut mettre devant, les mots *la*, *une* :

Une plume, *la* rue, *la* terre, etc.

16. — Dans certaines langues, on reconnaît du premier coup et d'après les lettres qui terminent un nom, si ce nom est masculin ou féminin. Cela arrive aussi en français, mais pour un petit nombre de mots seulement.

Les noms de choses sont féminins lorsqu'ils sont terminés :

1° en ADE : *promenade*, *gambade*, etc.

Excepté : camarade, grade.

2° en CE, en ANCE, en ENCE : *abondance*, *prudence*, *justice*, *force*, *espèce*, etc.

Excepté : 1° silence ; — 2° la plupart des mots en ICE : office, préjudice, etc. — et de plus : commerce, sacerdoce, négoce, pouce et divorce.

3° en ESSE : *tendresse*, *vitesse*, etc.

4° en EUR : *chaleur*, *douceur*, etc.

Excepté : bonheur, malheur, honneur, déshonneur, labeur, cœur et pleurs.

5° en ION et en SON (prononcé *zon*) : *attention*, *maison*, etc.

Excepté : bastion, champion, crayon, gabion, lampion, pion, rayon, scion, septentrion, talion, blason, poison, tison, et quelques autres mots peu usités.

6° en ISE : *sottise*, *friandise*, etc.
7° en RIE : *patrie*, *furie*, *niaiserie*, etc.
8° en TÉ : *bonté*, *charité*, etc.
Excepté : arrêté, comité, comté, côté, été, pâté, traité.
9° en TIÉ : *amitié*, *pitié*, etc.
10° en UDE : *solitude*, *inquiétude*, etc.

Les noms dans lesquels l'*e* muet final est précédé d'une voyelle sont également féminins :

Baie, *dérobée*, *nichée*, *idée*, *fée*, *dragée*, *cognée*, *allée*, etc.

Excepté : apogée, athée, caducée, colysée, coryphée, élysée, empyrée, gynécée, hyménée, lycée, mausolée, musée, périgée, scarabée, trophée ; génie, parapluie, messie, incendie.

17. — Ainsi les noms féminins sont tous terminés par un E muet,

Excepté : ceux en TIÉ en TÉ, en EUR, en ION et en SON (prononcé ZON), et de plus 45 noms de diverses terminaisons (315).

Quant aux noms masculins, il n'y a pas de lettre dans l'alphabet par laquelle ils ne puissent se terminer. Un grand nombre même finissent par un *e* muet.

EXERCICE. Reconnaissez le genre de tous les mots contenus dans le récit suivant.

LE GRILLON [1].

C'était dans un jardin décoré avec beaucoup d'élégance et de richesse. La maison du propriétaire apparaissait au fond ornée de colonnades et de diverses statues, entre lesquelles on distinguait Mercure avec son caducée, l'Hyménée avec son flambeau, des Naïades avec leurs urnes. Il y avait plus loin des jets d'eau d'une grande hauteur et une sorte de cascade auprès d'un mausolée.

Les rayons du soleil versaient dans l'air une chaleur dévorante. Un papillon de la plus belle espèce voltigeait de fleur en fleur, tantôt avec prestesse, tantôt avec une mollesse gracieuse. Un grillon l'observait, caché dans l'herbe de l'esplanade, tout en causant avec un petit scarabée qui se trouvait à

1. Tiré d'une fable de Florian.

côté de lui : « Quel délice, s'écriaient-ils, de voler ainsi en liberté! quelle différence entre son sort et le nôtre! »

Ils en étaient là de leurs réflexions lorsque le silence fut interrompu par une bruyante rumeur : les fils du propriétaire accouraient, après l'étude, pour s'amuser dans le jardin. Ils voient le papillon, et charmés de sa beauté, le caprice les prend de lui donner la chasse. Mouchoirs et casquettes sont en mouvement : le papillon essaie de la résistance, mais en vain; il tombe en détresse à leurs pieds. On s'empare de lui brutalement, le velours de ses ailes reste aux mains qui l'ont saisi: il n'a plus que sa laideur; on l'écrase sans pitié.

« Ho! ho! dit le grillon, ce n'est pas tout joie de briller. Nous avons fait une étrange méprise tout à l'heure, camarade, en regardant le papillon avec envie. Mieux vaut décidément occuper un moindre grade dans la série des animaux, et vivre sans inquiétude. »

Questionnaire. De quel *genre* sont les mots qui servent à désigner des hommes? — à désigner des femmes? — Et les mots qui désignent des objets inanimés, de quel genre sont-ils?—Comment reconnaît-on qu'un mot est masculin? — qu'il est féminin? — Ceux qui ne parlent pas français, mais qui l'apprennent, peuvent-ils deviner de quel genre est un nom de chose? — De quel genre sont les mots en *tié*, en *té*?—Tous?— Et les noms en *eur*, de quel genre?—Y a-t-il des exceptions? — Et les mots en *ion* et en *son* (zon)? — Y a-t-il beaucoup d'exceptions? — N'y a-t-il pas encore d'autres classes de mots qui soient féminins? — De quel genre est *musée*? — *traversée*? — *nichée*? — *mausolée*, etc.? (*Interrogez sur le livre.*) — De quel genre sont les mots en *ance* et en *ence*? — Sans exception?— Citez des noms en *ce* qui soient féminins. — Et des noms en *ce* qui soient masculins. — Par quelle lettre sont terminés presque tous les mots féminins? — Citez quelques exceptions. — Est-ce qu'il n'y a pas de noms masculins terminés par un *e* muet? — Par quelles lettres sont terminés les noms masculins?

18. — Quelques noms ont deux formes pour marquer le genre : une pour le masculin, et une autre pour le féminin. Tels sont :

Homme, femme; — garçon, fille; — maître, maîtresse; — gendre, bru; — oncle, tante; — neveu, nièce; — père, mère; —

serviteur, servante; — gouverneur, gouvernante ; — ambassadeur, ambassadrice, etc.

Cheval, jument; — bœuf, vache ; — veau, génisse ; — mouton, brebis; — bouc, chèvre; — porc, truie ; — sanglier, laie ; — cerf, biche ; — chevreuil, chevrette ; — lièvre, hase ; — âne, ânesse; — tigre, tigresse ; — lion, lionne ; — loup, louve ; — chien, chienne; — chat, chatte ; — ours, ourse. — coq, poule ; — jars, oie ; — canard, cane ; etc.

19. — Quelques noms sont communs aux deux genres : le masculin et le féminin sont indiqués par l'article ou l'adjectif :

un aigle, *une* aigle ; *un* enfant, *une* enfant.

Mais la plupart des noms d'animaux ne changent pas pour exprimer le genre :

un éléphant *mâle*, *un* eléphant *femelle; une* autruche *mâle*, *une* autruche *femelle*.

20. — Quelques pronoms ont aussi une forme spéciale pour chaque genre; mais la plupart servent également pour le masculin et le féminin.

Il, *le*, *ils*, *eux* ; *ce*, *celui*, *ceux; le mien*, *le tien*, *le sien*, etc. ; *lequel*, *etc* ; *l'un*, *quelqu'un*, sont toujours masculins.

Elle, *elles*, *la ; celle*, *celles* ; *la mienne*, *la tienne*, *la sienne*, etc ; *laquelle*, etc ; *l'une*, *quelqu'une*, sont toujours féminins.

Je, *me*, *moi*, *nous ; tu*, *te*, *toi*, *vous; lui*, *se*, *soi*, *les*, *leur*, *qui*, *dont*, *en*, *y*, *où*, *on*, *quiconque*, *autrui*, *plusieurs*, etc., sont employés pour les deux genres.

21. — L'article, les adjectifs, les participes, ont généralement une forme pour le masculin et une autre pour le féminin.

« *Le* fardeau, *la* ferme ; il était *égayé*, elle était *égayée;* un rire *joyeux*, de *joyeuses* saillies; *ce* chemin, *cette* herbe ; *mon* frère, *ma* sœur, etc. »

II

22. — Les *adverbes*, les *prépositions*, les *conjonctions* et les *interjections* n'ont aucun genre. Aussi ces quatre es-

pèces de mots sont-elles appelées *invariables*, par opposition aux autres classes, dans lesquelles les mots varient suivant le *genre* et suivant le NOMBRE.

23. — Car ces six classes de mots, — nom, pronom, article, adjectif, participe et verbe, — varient selon qu'ils se rapportent à *un* ou *plusieurs* êtres.

Si l'on parle d'un seul être, on emploie le *nombre* SINGULIER.

On se sert du PLURIEL si l'on parle de *plusieurs*.

« Le marché, la ferme, le soleil, le matin, le feuillage, le parfum, etc., » sont du nombre *singulier*.

« Les paysannes, les légumes, les œufs, les produits, les fardeaux, les dents, les oiseaux, les fleurs, etc., » sont du nombre *pluriel*.

Claudine s'*ennuyait*, Rose se *sentait* égayée, elle ne *tarissait* pas en saillies, etc.

Ces verbes sont au *singulier*.

Rose et Claudine *allaient* au marché, les fardeaux *étaient* lourds, les oiseaux *chantaient* sous le feuillage, les fleurs *bordaient* le chemin, etc.

Ces verbes sont au *pluriel*.

Il y a en français des noms qui n'ont pas de pluriel : *la faim*, *la soif*, etc.

Il en est d'autres qui n'ont pas de singulier : *les ténèbres*, *les fiançailles*, *les funérailles*, etc.

EXERCICE. Indiquer le genre et le nombre de tous les mots variables contenus dans le récit suivant :

LE MEILLEUR ASSAISONNEMENT.

Un jeune prince, qui s'était égaré à la chasse et avait été surpris par un orage, se réfugia, tout mouillé, dans une cabane de chétive apparence. On l'accueillit avec grande amitié ; on l'engagea à s'asseoir devant quelques tisons flambants qui brûlaient dans la cheminée. Pendant qu'il se séchait, le dos au feu, il regardait ses hôtes dont l'affectueuse affabilité lui faisait plaisir. La famille se composait d'un charbonnier, de sa moitié et de deux jolis enfants, frère et sœur, qui riaient et s'amusaient à faire envie. Tous quatre s'étaient groupés autour d'une poêle remplie de bouillie de sarrasin fumante ; ils y puisaient de grandes cuillerées qu'ils trempaient ensuite dans du beurre fondu, et savouraient ce mets économique avec une volupté qui donna appétit au prince. Sur l'invitation pressante qui lui en fut faite, il prit un escabeau, une cuillère, et le voilà puisant au plat commun. Son appétit se trouvait aiguisé par l'exercice qu'il avait fait ; aussi mangea-t-il les premières bouchées avec plaisir ; mais la grosse faim apaisée, il se lassa de ce mets plus nutritif que délicat et il posa sa cuillère.

« J'admire le bonheur que vous semblez éprouver, leur dit-il, à manger un mets qui, en somme, n'a qu'une faible saveur, à ce qu'il me semble. — Ah ! c'est qu'il manque pour vous, dit le charbonnier, d'un double assaisonnement que nous y mettons : l'habitude de la frugalité et l'habitude du travail. »

C'est à peu près la réponse faite par le cuisinier spartiate à Denis le Tyran, qui trouvait détestable ce brouet noir que les Lacédémoniens mangeaient avec une volupté toujours nouvelle : « Le meilleur assaisonnement y manque. — Lequel ? — La fatigue de la chasse, l'exercice matinal de la course au bord de l'Eurotas, la faim et la soif. »

Questionnaire. Quel est le féminin d'*homme* ? — d'*oncle*, etc. ? — Quel est le masculin de *servante* ? — de *biche* ? — de *chèvre* ? — de *cane*, etc. ? — Est-ce qu'il y a beaucoup de *noms* qui aient ainsi un masculin et un féminin ? — Les pronoms ont-ils des formes particulières pour désigner le genre ? — Citez des pronoms toujours masculins ; — des pronoms toujours féminins ; — des pronoms des deux genres. — Quelles sont les espèces de mots qui peuvent marquer le genre ? — Quelles sont celles qui ne le marquent pas ?

Est-ce que les mots ne varient pas aussi selon qu'ils désignent un ou plusieurs êtres ? — Comment appelle-t-on cette sorte de changement ? — Combien y a-t-il de nombres en français ? — Quel nombre est-ce quand il n'y a qu'un seul objet? — Et quand il y en a plusieurs?

Citez des noms au singulier, — des verbes, — des pronoms, — des adjectifs avec les noms auxquels ils se rapportent. — Citez de même des noms, des verbes, des pronoms, des adjectifs au pluriel. — Tous les noms ont-ils un singulier et un pluriel? — Citez quelques exceptions.

Exercice supplémentaire. 1. Tirez des noms masculins des verbes suivants :

Accueillir, engager, regarder, rire, amuser, grouper, s'empresser, apaiser, manquer.

2. Tirez des noms féminins des verbes suivants :

Sécher, flamber, composer, fumer, fondre, savourer, prendre, déposer, admirer, éprouver, mettre.

CHAPITRE III.

NOMS ET PRONOMS.

LE TRÉSOR[1].

Trois voyageurs trouvèrent un trésor dans une forêt. « Il est à moi, dit l'un, car je l'ai aperçu le premier. — Il est à moi, dit l'autre, car je l'ai déterré en partie. — Non, dit le troisième, il est à moi parce que je vous ai conduits au lieu où il est. — Soit, il est à nous trois, dit le premier : à toi, Pierre, pour nous avoir amenés ici ; à toi, Paul pour l'avoir déterré ; et à moi, François, pour l'avoir signalé ; si bien que nous pouvons dire tous trois qu'il est le nôtre, sans qu'aucun de nous puisse soutenir qu'il est le sien. — Si vous m'en croyiez, avant d'achever notre besogne, nous ferions un petit dîner. Cela nous donnerait des forces pour terminer nos fouilles. — A la bonne heure, mais avec quoi dîner ? — Et cette foule de marchands que nous avons vus au village voisin ! Et cette quantité de provisions que nous avons admirées dans une multitude de boutiques ! Il y en a plus qu'il n'en faudrait pour nourrir trois régiments, et nous ne sommes que trois hommes. — Oui, mais il y a deux bonnes lieues d'ici là. Qui d'entre nous ira chercher des vivres à ce village ? — Toi, notre ami Paul, qui es le plus jeune et le plus ingambe. — Oui, et si pendant que je me fatiguerai pour vous faire plaisir, vous décampez avec le trésor ? — Tu es prudent, et non sans raison. Eh bien ! nous te donnerons nos passe-ports, avec lesquels tu pourrais nous faire arrêter si tu ne nous trouvais plus ici. — Donnez, j'irai. »

1. Tiré d'un conte oriental, mis en vers par Ch. Nodier et autres.

Quand il se fut éloigné, ses deux compagnons se regardèrent l'un l'autre. « Quel dommage d'être trois ! dit celui qui était le plus âgé. Si nous n'étions que deux, chacun de nous, au lieu du tiers, aurait la moitié du trésor. — J'y songe. Si, lorsque Paul reviendra, on le tuait? Cette forêt est déserte, on l'enterrera à la place du trésor, et personne n'en saura rien. — C'est dit? — C'est dit. »

Paul, de son côté, faisait à part soi son petit raisonnement : « Ce trésor serait le mien tout entier, pensait-il, si mes deux compagnons n'étaient pas là. Au lieu de cela, on va faire les parts. Chacun prendra la sienne, et il ne me restera presque rien. Si je me débarrassais d'eux ? Si j'empoisonnais la nourriture que je vais leur apporter? Je dirai que j'ai dîné à la ville, ils mangeront les vivres empoisonnés, ils mourront, et le trésor sera pour moi seul. »

Chacun fit ce qu'il s'était promis. Le messager n'eut pas plus tôt reparu, que ses camarades se jetèrent sur lui et le tuèrent; ils mangèrent les vivres qu'il avait apportés et moururent aussi : — de sorte que tous les méchants furent punis et que le trésor ne fut à personne.

I.

Ce récit contient un grand nombre de noms et de pronoms.

Voyons les noms d'abord.

24. — *Pierre, Paul, François,* sont les noms *particuliers* des trois voyageurs, comme *Rose* et *Claudine* sont les noms *particuliers* des deux paysannes du récit précédent.

Ces mots sont des *noms* PROPRES.

Les noms de familles, de villes, de pays, de peuples : *Paris, Moscou,* la *Prusse,* la *Russie,* la *Normandie,* les *Suédois,* etc., sont aussi des *noms propres.*

25. — On appelle, au contraire, *noms* COMMUNS ceux qui sont *communs* à un grand nombre de personnes ou de

choses, ceux qui désignent toute une classe d'êtres semblables.

Voyageur, *trésor*, *forêt*, *village*, *travail*, *richesse*, *amitié* sont des noms communs.

26. — Parmi les noms communs, il en est dont on a fait une classe à part. Tels sont *foule*, *multitude*, *quantité*, *ville*, *village*, *forêt*, etc.

Ces mots ont cela de remarquable qu'étant au *singulier* ils désignent un *pluriel*.

On les a nommés COLLECTIFS. En effet, une forêt est une *collection* d'arbres, un village une *collection* de maisons et d'habitants, etc.

27. — On appelle *noms* COMPOSÉS ceux qui sont formés de deux ou plusieurs mots réunis par un trait d'union : *passe-port*, *passe-temps*, *loup-cervier*, etc.

EXERCICE. Indiquer les noms *propres*, les noms *communs* et les noms *collectifs* contenus dans le récit suivant.

Indiquer, en outre, le *genre* et le *nombre* de tous les mots variables.

LA VIE ET L'HONNEUR.

Le roi de France François Ier, et Charles-Quint, empereur d'Allemagne, se faisaient la guerre pour la possession de l'Italie. Parmi les Français qui prirent part à cette lutte, on distinguait Bayard, qu'on avait surnommé le chevalier sans peur et sans reproche. Dans l'armée de l'Empire figurait un Français, le connétable de Bourbon, qui, blessé dans ses droits par la reine Louise de Savoie, mère du roi, s'était échappé de France, avait passé à l'ennemi et reçu un commandement. Au mois d'octobre 1524, la bataille s'engagea entre les Français et les Allemands, près du village de Romagnano, à l'entrée d'une forêt. Bayard, dangereusement blessé d'un coup de mousquet, fut transporté au pied d'un arbre. Il perdait une grande quantité de sang et sentait qu'il allait mourir, mais jusqu'au dernier moment il voulut faire face à l'armée ennemie. Passe le connétable, avec une petite troupe. En apercevant Bayard, il court à lui et lui témoigne ses regrets de le voir blessé. « Ce n'est pas sur moi qu'il faut s'apitoyer, lui dit le chevalier, je meurs fidèle à mon roi et à mon pays ; c'est sur vous qui avez trahi l'un et l'autre. Je ne perds que la vie et vous avez perdu l'honneur. »

QUESTIONNAIRE. Qu'appelle-t-on nom *propre?* — nom *commun?* — Citez des noms propres d'hommes, — de femmes, — de villes, de pays, de rivières, etc.— Citez des noms communs de profession, — de lieux, — d'objets dont on se sert souvent, etc. — Qu'est-ce qu'on appelle nom *collectif?* — Donnez-en des exemples. — Pourquoi les appelle-t-on collectifs? — Qu'est-ce qu'un nom *composé?*— Les noms collectifs sont-ils des noms communs?

Exercice supplémentaire. Trouver des noms collectifs pour désigner une grande quantité de livres, de maisons, d'arbres, de fleurs, d'habitants, d'auditeurs, d'écoliers, de parents, de personnes qui délibèrent, qui jugent; une réunion d'hommes armés, de navires.

II.

Passons maintenant aux pronoms :

28.—Quand on dit : JE marche, TU *marches*, IL *marche*, *je* indique une *première personne*, *tu* en indique une *seconde*, *il* en indique une *troisième*.

Et de même au pluriel : *nous* marchons, *vous* marchez, *ils* marchent; *nous* indique une *première* réunion de personnes, *vous* en indique une *seconde; ils* en indique une *troisième*.

En conséquence, *je*, *nous*, ont été nommés *pronoms de la première personne*.

La première personne est celle qui parle.

Tu, *vous*, sont des *pronoms de la seconde personne*.

La seconde personne est celle à qui l'on parle.

Il, *ils*, sont des *pronoms de la troisième personne*.

La troisième personne est celle de qui l'on parle. Cette

troisième personne peut être un animal, une chose, une idée, etc.

Le *Trésor*, page 24, contient des pronoms des trois personnes :

« *Il* est à *moi; je l'*ai aperçu ; *je vous* ai conduits; *il* est à *nous;* à *toi* pour *nous* avoir amenés ici ; *nous te* donnerons nos passe-ports ; *tu nous* feras arrêter, etc., etc. »

29. — Dans cette phrase :

Prascovie était tremblante : le paysan *lui* dit....

Lui désigne une femme, ce mot est donc féminin.

Mais on a pu dire aussi en parlant du paysan :

Prascovie *lui* répondit....

Ce mot *lui* est donc *masculin* ou *féminin*, suivant les cas.

Il en est de même de *leur* employé dans des phrases analogues :

Jésus vit venir à lui ses disciples et *leur* dit....

Il dit *à eux*.

Jésus vit venir à lui Marthe et Madeleine, et il *leur* dit....

Il dit *à elles*.

Remarquez que le *pronom* LEUR ne prend jamais d'*s*.

30. — « Je *l'*ai aperçu le premier ; » *l'* représente ici le trésor ; « si on *le* tuait? » *le* représente ici Paul ; « ils *la* mangeront ; » *la* représente ici la nourriture ; « je *les* connais, » c'est-à-dire : je connais *eux*, ces gens-là.

Les mots *le*, *la*, *les*, que nous avons vus *articles* lorsqu'ils sont placés *devant les noms*, sont donc aussi des *pronoms*, — puisqu'ils désignent ici des personnes ou des choses sans les nommer — et des pronoms de la troisième personne.

Il n'est pas rare, en effet, de trouver des mots qui changent de classe selon qu'ils sont employés dans un sens ou dans un autre. Nous en avons déjà vu des exemples dans les adverbes et les prépositions, et nous aurons occasion d'en rencontrer d'autres.

31. — Nous avons à signaler encore deux pronoms de la troisième personne.

« J'*y* songe, » dit un de ceux qui trouvent le trésor; c'est-à-dire : je songe *à cela;* je songe à ces choses; *y* est un pronom.

« Personne n'*en* saura rien. » Ici, *en* signifie *de cela.* Le mot *en* désigne une chose sans la nommer; c'est encore un pronom, et un pronom de la troisième personne.

Si l'on dit à quelqu'un : « Songez à votre père, — à votre mère, — à votre pays, — à vos parents, » il pourra chaque fois répondre : « J'*y* songe. » Donc *y* sert pour les deux genres et les deux nombres.

Il en est de même de *en.* « Il y a des fruits dans le jardin, j'*en* ai cueilli quelques-uns. »

Ah ! combien j'*en* ai vu mourir, de jeunes filles! V. HUGO.

32. — Ainsi, en nous résumant, nous trouvons pour les trois personnes les pronoms suivants :

SINGULIER	1re personne,	Je,	me,	moi,
	2e —	tu,	te,	toi,
	3e —	il, elle,	se, le, la, lui,	soi, en, y
PLURIEL	1re —	nous,		
	2e —	vous,		
	3e —	ils, elles,	se, les, eux, leur, en, y.	

Les pronoms de la première et de la seconde personne servent pour les deux genres. Il en est de même des pronoms *lui*, *leur*, *les*, *se*, *soi*, *en* et *y*, parmi ceux de la troisième.

Les pronoms qui désignent les personnes grammaticales sont appelés *pronoms* PERSONNELS.

QUESTIONNAIRE. Qu'appelle-t-on pronoms de la première personne? — de la seconde? — de la troisième? — Citez des pronoms de la première personne, de la seconde, de la troisième. — *Leur*, pronom, est-il masculin ou féminin? — Quand est-ce que les mots *le, la, les*, ont articles? — Quand sont-ils pronoms? — Connaissiez-vous déjà des mots appartenant à deux classes différentes? — Qu'est ce que c'est que les mots, *en*, *y*? — Les pronoms de la première, de la seconde personne, — changent-ils selon le genre? — Et ceux de la troisième? — Citez-en qui changent? — Citez-en qui servent pour les deux genres? — Comment appelle-t-on les pronoms qui désignent les personnes grammaticales? — Citez des exemples où les mots *en* et *y* s'emploient au singulier et au pluriel, au masculin et au féminin, pour les personnes et pour les choses.

EXERCICE. Indiquer tous les pronoms personnels contenus dans le conte du *Trésor* et dans *la Vie et l'Honneur*, en marquant le genre, le nombre et la personne de chacun d'eux.

III.

Continuons notre recherche.

33. — « Il est *le nôtre;* il est *le sien;* le trésor serait *le mien.* » Ces mots : *le nôtre*, *le sien*, *le mien*, désignent le trésor et ne le nomment pas ; ce sont aussi des pronoms.

Il en est de même de *la sienne* dans cette phrase : « Chacun prendra *la sienne* (sa part). »

Ces mots, en même temps qu'ils désignent une personne ou une chose, annoncent que cette personne ou cette chose est *possédée* par quelqu'un. On leur a donné le nom de *pronoms* POSSESSIFS.

Voici la liste complète des *pronoms possessifs :*

SINGULIER		PLURIEL	
Masculin	*Féminin*	*Masculin*	*Féminin*
le mien,	la mienne,	les miens,	les miennes,
le tien,	la tienne,	les tiens,	les tiennes,
le sien,	la sienne,	les siens,	les siennes,
le nôtre,	la nôtre,	les nôtres,	
le vôtre,	la vôtre,	les vôtres,	
le leur.	la leur.	les leurs.	

34. — « *Cela* nous donnera des forces ; *celui* qui était le plus âgé ; chacun fit *ce* qu'il s'était proposé. »

Cela indique ici le petit repas que l'on voulait faire. Ce mot désigne une *chose* et ne la nomme pas : c'est un pronom.

Celui indique un des trois voyageurs ; ce mot désigne une personne sans la nommer : c'est un pronom.

Ce qu'il s'était proposé, c'est-à-dire *la chose* qu'il s'était proposée ; *ce* est encore un pronom.

Ces trois pronoms servent en même temps à *montrer* comme du doigt les personnes ou les choses. On les a nommés *pronoms* DÉMONSTRATIFS.

Voici la liste complète des pronoms démonstratifs :

celui,	celle,	ceux,	celles,	ce.
celui-ci,	celle-ci,	ceux-ci,	celles-ci,	ceci.
celui-là,	celle-là,	ceux-là	celles-là,	cela.

Nous n'en avons pas fini avec les pronoms.

35. — Reprenons cette phrase :

Quel dommage d'être trois ! dit celui *qui* était le plus âgé.

Autrement : celui *qui* était le plus âgé dit : Quel dommage, etc.

Il y a deux choses affirmées dans le commencement de cette phrase :

Celui-la dit, *et il* était le plus âgé.

Ces deux affirmations sont réunies dans le mot *qui*, — lequel remplace les deux mots *et il*, — une conjonction et un pronom.

Il en est de même dans cette phrase :

« Toi, Paul, *qui* es le plus jeune, tu iras à la ville. »

C'est comme s'il y avait :

Tu iras à la ville, *et tu* es le plus jeune.

Le mot *qui* remplace encore ici une conjonction et un pronom.

« Nous te donnerons nos passe-ports *avec lesquels* tu nous feras arrêter. »

C'est-à-dire : Nous te donnerons nos passe-ports, *et avec eux* tu nous feras arrêter.

Avec lesquels tient donc lieu de *et avec eux*. *Lesquels* remplace une conjonction et un pronom.

On a donné à cette sorte de mot le nom de *pronom* CONJONCTIF[1].

36. — Le mot auquel se rapportent les pronoms conjonctifs — *celui*, *toi*, *passe-ports* — est l'ANTÉCÉDENT de ces pronoms.

Voici la liste complète des pronoms conjonctifs :

qui,	lequel,	laquelle,	lesquels,	lesquelles.
dont,	duquel,	de laquelle,	desquels,	desquelles.
où,	auquel,	à laquelle,	auxquels,	auxquelles.
que, quoi.				

37. — Ces pronoms servent quelquefois à interroger :

Qui ira chercher des vivres à la ville?

Que peuvent contre Dieu tous les rois de la terre? RACINE.

Lequel des deux vous semble préférable?

Quoi? Que voulez-vous?

On les appelle alors *pronoms* INTERROGATIFS.

38.—Il nous reste à signaler une dernière classe de pronoms. Le *Trésor* va encore nous en fournir des exemples :

« Il est à moi, dit *l'un;* il est à moi, dit *l'autre*. Les

1. On l'appelle aussi pronom *relatif*, mais cette dénomination manque de précision. Les pronoms possessifs et démonstratifs sont aussi *relatifs* à un mot précédent.

Ce pronom est remplacé dans les langues où il manque par un pronom personnel et une conjonction. C'est aussi ce que font en France les personnes qui parlent mal : « C'est moi *que je* te dis. »

deux compagnons se regardèrent *l'un l'autre. Chacun* aurait la moitié du trésor.... Si *on* le tuait, *personne* n'en saurait rien. »

Ces mots : *l'un*, *l'autre*, *chacun*, *on*, *personne*, désignent aussi des êtres que l'on ne nomme pas : ce sont encore des pronoms.

Mais ces pronoms désignent les êtres tout autrement que les autres; il y a en eux quelque chose de vague, d'incertain, d'*indéfini*.

Aussi les a-t-on nommés *pronoms* INDÉFINIS.

En voici la liste :

On, chacun, autrui, l'un, l'autre, tous deux, quiconque, tel, tout, plusieurs, quelqu'un, quelque chose.

Personne, aucun, nul, rien.

Ces quatre derniers pronoms sont la négation des pronoms précédents *quelqu'un*, *quelque chose*. C'est à ce titre qu'ils rentrent dans la définition des pronoms.

Les mots : *tel*, *tout*, *plusieurs*, *aucun*, *nul*, sont des adjectifs indéfinis, lorsqu'ils accompagnent un nom (51).

39. — Ainsi, pour nous résumer, nous avons reconnu des pronoms :

1° *Personnels*, qui désignent les *personnes* grammaticales;

2° *Possessifs*, qui désignent, sans le nommer, un être *possédé*;

3° *Démonstratifs*, qui désignent, sans le nommer, un être *montré*;

4° *Conjonctifs*, qui sont à la fois des *pronoms* et des *conjonctions*;

Ces pronoms sont *interrogatifs* lorsqu'ils servent à interroger.

5° *Indéfinis*, désignant d'une manière vague des êtres qu'on ne nomme pas.

EXERCICE. Indiquer dans les morceaux suivants les pronoms de chacune des cinq classes, en mentionnant leur genre et leur nombre.

I. LES DEUX VOYAGEURS [1].

Thomas et Lubin se rendaient ensemble à la ville voisine. Une bourse pleine de louis se présente à eux sur la route. Thomas est le plus leste et la ramasse. « Eh bien, dit Lubin, nous n'avons pas perdu notre temps en choisissant cette route. Voilà une petite trouvaille qui arrangera bien nos affaires. — Comment, *nos* affaires? Que veux-tu dire par là? Il s'agit des miennes seulement, je pense, car c'est moi qui l'ai recueillie et c'est à moi qu'elle appartient. » Ainsi Thomas, dans sa joie, ne songe pas même que celui qui a perdu cette bourse peut venir la réclamer et le forcer à la rendre. Lubin ne répond rien et tous deux poursuivent leur route. Ils avaient une forêt à traverser avant d'arriver à la ville. Comme ils venaient de s'y engager, ils entendirent le bruit d'un pistolet que l'on armait. Des voleurs s'étaient établis depuis la veille dans ce bois où ils détroussaient les passants. « Nous sommes perdus! s'écria Thomas. — Perdus? qui donc? Parle pour toi, mon cher, dit Lubin, car tu te trompes fort si tu crois que je ne ferai pas pour toi ce que tu as fait pour moi. » Tout en disant ces paroles, il avait pris ses jambes à son cou et avait disparu. Thomas, que la peur paralyse, a fait à peine quelques pas qu'il se sent saisi au collet. On lui donne le choix entre sa vie et la bourse. Il choisit la vie et abandonne la bourse qu'il venait de trouver.

Quiconque n'a songé qu'à soi au moment où il était heureux se voit abandonné de tous dès qu'il tombe dans le malheur.

II. Je dis du bien de toi;
Tu dis du mal de moi :
Quel malheur est le nôtre!
On ne croit ni l'un ni l'autre.

QUESTIONNAIRE. Qu'appelle-t-on pronoms *possessifs*? — Citez ces pronoms. — Qu'appelle-t-on pronoms *démonstratifs*? — Citez ces pronoms. — Qu'est-ce que c'est que le pronom *conjonctif*? — Com-

1. Fable de Florian mise en prose.

ment appelle-t-on le mot auquel se rapporte le pronom conjonctif? —Que veut dire ce mot *antécédent?* — Citez les pronoms conjonctifs. — De quels pronoms se sert-on quand on veut interroger? — Comment appelle-t-on alors ces pronoms conjonctifs? — Qu'est-ce que veut dire le pronom conjonctif *dont?* — le pronom *où?* — Qu'est-ce que c'est que les pronoms *indéfinis?* — Citez des pronoms indéfinis. — Les pronoms désignent des personnes ou des choses sans les nommer, avons-nous dit; comment alors *personne*, *aucun*, etc., sont-ils des pronoms? — En résumé, combien y a-t-il de sortes de pronoms?

CHAPITRE IV.

ADJECTIFS ET ADVERBES.

LES PETITS POISSONS ROUGES [1].

Il y avait dans un bassin trois petits poissons rouges qui amusaient tout le monde par leurs jolis sauts. Un promeneur, qui se plaisait à leur jeter du pain, leur faisait en même temps de la morale : « Si vous voulez être heureux, chers petits poissons, leur disait-il, ne passez pas par la grille dans la pièce d'eau voisine et ne sautez pas au-dessus du bassin quand je ne serai pas là. » Deux de nos poissons prirent en mauvaise part l'avis du promeneur. « Cet homme est le plus grand ennuyeux qui soit au monde, se disaient-ils. Quel danger y a-t-il à aller dans cette pièce d'eau où nagent tant d'autres poissons ? — Moi, je veux y aller, ajouta le premier, et m'y promener tout à mon aise. — Moi, dit le second, je veux jouer un peu au soleil. » Cependant le troisième poisson se disait tout bas : « Cet homme-là nous aime, puisqu'il nous jette tant de morceaux de pain ; il a ses raisons pour nous parler comme il le fait. Mes frères feront ce qui leur plaira ; pour moi, je suivrai ses conseils et ne sortirai pas d'ici. » Et il resta obstinément au fond de l'eau malgré les railleries de ses camarades. Qu'arriva-t-il ? Le premier de nos poissons passa dans le grand étang, mais là il fut avalé par un brochet. Le second s'ébattit joyeusement à la surface de l'eau, mais il fut avalé par un oiseau de proie. Un seul survécut : ce fut le troisième, qui avait écouté les sages conseils du promeneur.

1. Conte tiré de Schmid.

I.

Les adjectifs et les adverbes se divisent en plusieurs classes.

40. — Il y a d'abord les adjectifs qui indiquent des *qualités* bonnes, mauvaises, indifférentes, — appliquées aux *noms* ou aux *pronoms*.

« Les *petits* poissons *rouges*, leurs *jolis* sauts; si vous voulez être *heureux*; *chers petits* poissons; l'étang *voisin*; en *mauvaise* part; les *sages* avis, etc. »

Ce sont les *adjectifs* QUALIFICATIFS. Ils répondent à la question *comment*, faite avant le nom ou le pronom.

41. — Certains adverbes désignent de même des *qualités* appliquées au *verbe*, à l'*adjectif*, à l'*adverbe*.

« Il resta *obstinément* au fond de l'eau; le second s'ébattit *joyeusement*. »

Il est *énormément* grand; il agit *tout à fait* bien.

Ces mots, qui correspondent aux adjectifs qualificatifs, sont des *adverbes* DE MANIÈRE.

Ils sont pour la plupart formés des adjectifs qualificatifs féminins et terminés en *ment*.

*Petite*ment, *grande*ment, *heureuse*ment, *première*ment, *seconde*ment, *autre*ment, etc.

Il faut y ajouter :

Ainsi, comme, quasi, bien, mieux, mal, pis, même, exprès, gratis, vite, ensemble, surtout, toutefois, pourtant, enfin, tout, tout à fait.

Ils répondent également à la question *comment?* appliquée au *verbe*, à l'*adjectif* et à l'*adverbe*.

QUESTIONNAIRE. Qu'appelle-t-on adjectifs qualificatifs? — Qu'appelle-t-on adverbes de manière? — En quoi l'adjectif qualificatif diffère-t-il de l'adverbe de manière? — Comment forme-t-on les adverbes de manière? — A quelle question répondent ces deux espèces de mots? — Citez quelques adverbes de manière non terminés en *ment*.

42. — Nous avons trouvé une classe de pronoms qui indiquent la *possession*. Il y a aussi des *adjectifs* POSSESSIFS.

« *Leurs* jolis sauts, deux de *nos* poissons, à *mon* aise, il a *ses* raisons, *nos* frères, *ses* conseils, *ses* camarades, *leur* expérience, etc. »

Ces mots, *leur*, *nos*, *mon*, *ses*, *mes*, etc., sont des adjectifs, parce qu'ils prennent le genre et le nombre du nom qu'ils accompagnent ; et de plus ils marquent que les personnes ou les choses désignées par ces noms sont *possédées;* ils appartiennent par conséquent à la classe des *adjectifs possessifs*.

Les *adjectifs* possessifs diffèrent des *pronoms* correspondants, en ce qu'ils précèdent toujours un nom. Le pronom tient lieu à la fois du nom et de l'adjectif possessif :

De qui parlez-vous donc? — De *mon* père. — Moi, je vous parle *du mien*.

Voici la liste des adjectifs possessifs :

SINGULIER.		PLURIEL.
Masculin.	*Féminin.*	*Des deux genres.*
mon,	ma,	mes,
ton,	ta,	tes,
son,	sa,	ses,
notre,		nos,
votre,		vos,
leur.		leurs.

43. — *Mon*, *ton*, *son*, s'emploient avec les mots masculins; *ma*, *ta*, *sa*, avec les mots féminins.

Mon père est *mon* appui ; *ma* mère est *ma* compagne.

Cependant les adjectifs masculins *mon*, *ton*, *son*, s'emploient au lieu des féminins devant un mot qui commence par une voyelle ou une *h* muette[1].

Ma sœur est *mon* amie et je sais *son* histoire.

Nous avons vu plus haut : à *mon* aise. On dirait de même : *ton* humeur, *son* haleine.

On disait autrefois *s'amie*, *m'âme*, au lieu de *son amie*, *mon âme*.

Questionnaire. Qu'appelle-t-on adjectifs possessifs? — En quoi diffèrent-t-ils des pronoms possessifs? — Citez les adjectifs possessifs. — Citez ceux qui servent pour le masculin, pour le féminin. — Quand je dis *mon histoire*, *mon* est-il masculin ou féminin? — Dans quels cas emploie-t-on *mon*, *ton*, *son*, *ma*, *ta*, *sa*? — Quelles sont les voyelles? — Qu'est-ce que c'est qu'une *h* muette?

44. — Aux pronoms démonstratifs répondent les *adjectifs* DÉMONSTRATIFS :

« *Ce* poisson, *cet* homme, *cette* pièce d'eau, *ces* avis. »

Ces adjectifs sont toujours suivis, comme les adjectifs possessifs, d'un *nom* dont ils précisent le sens, qu'ils *déterminent*. Les *pronoms* démonstratifs, au contraire, tiennent lieu du *nom* et de l'*adjectif démonstratif*:

Pourquoi revenir sur *cette* affaire? Ce n'est pas de *celle là* qu'il s'agit.

Les adjectifs démonstratifs sont :

SINGULIER.

Masculin, ce, cet (devant une voyelle ou une *h* muette).
Féminin, cette.

PLURIEL.

Des deux genres, ces.

On ajoute parfois les adverbes *ci* et *là* au nom que ces adjectifs déterminent : *cet* homme-*ci*, *cette* femme-*là*.

De même que nous avons vu dans les pronoms : *celui-ci*, *celui-là*, *ceci*, *cela*.

1. Voir le chapitre sur les *lettres* à la fin du volume.

On voit que le mot *ce* peut être tour à tour adjectif ou pronom : *adjectif*, lorsqu'il précède un nom; *pronom*, lorsqu'il en tient lieu.

QUESTIONNAIRE. Qu'appelle-t-on adjectifs démonstratifs? — En quoi diffèrent-ils des pronoms démonstratifs? — Y a-t-il beaucoup de pronoms démonstratifs? — Quand *ce* est-il adjectif?

45. — A ces adjectifs qui montrent les personnes ou les choses, qui désignent le lieu qu'occupent les êtres, correspondent les *adverbes* DE LIEU.

L'histoire des *petits Poissons* nous fournit quelques exemples de ces adverbes :

« Quand je ne serai pas *là*; je veux *y* aller et m'*y* promener; je ne bougerai pas d'*ici*; *là* il fut avalé par un brochet, etc. »

Voici les principaux *adverbes de lieu* :

Ici, là, y, où; dedans, dehors; dessus, dessous; devant, derrière; loin, près; ailleurs, alentour, partout.

Ils répondent à la question *où?*

46. — Remarquez que *y* est adverbe de lieu lorsqu'il signifie *là*, et pronom personnel lorsqu'il signifie *à cela*.

Où, qui est ici compté comme adverbe, est un pronom conjonctif lorsqu'il signifie *auquel*, *à laquelle*, *par lequel*, etc.

Ce mot sert aussi à interroger, comme *pourquoi? comment?* — *Où allez-vous?*

QUESTIONNAIRE. Quels sont les adverbes qui répondent aux adjectifs démonstratifs? — En quoi diffèrent-ils des adverbes du même nom? — Citez quelques adverbes de lieu. — Montrez, par des exemples, en quoi *y*, *où*, pronoms, diffèrent de *y*, *où*, adverbes? — A quelle question répondent les adverbes de lieu?

EXERCICE. Indiquer dans le morceau suivant les adjectifs *qualificatifs*, *possessifs* et *démonstratifs* avec leur genre et leur nombre, les adverbes *de manière* et *de lieu*, et enfin les pronoms *possessifs* et *démonstratifs*.

LES PÊCHES[1].

I. Un laboureur rapporta un jour d'une ville voisine où il était allé, cinq pêches magnifiques. Ses enfants qui n'avaient jamais vu de pêches admirèrent beaucoup celles-là. Ils étaient quatre; le père donna à chacun la sienne, et il y en eut une pour la mère.

Le soir quand les jeunes enfants allèrent se coucher, fatigués de leur journée, le père leur demanda si leurs pêches leur avaient semblé aussi bonnes qu'elles étaient belles.

« La mienne était délicieuse, cher papa, dit l'aîné, aussi j'ai gardé soigneusement le noyau ; je l'ai placé là, dans ma chambre, en attendant que je le mette en terre, là-bas, dans le jardin que tu m'as donné. Je veux absolument avoir un arbre qui produise de ces fruits-là.

— Bien, dit le père, c'est penser à l'avenir en homme sage et économe. Tu seras un bon laboureur.

— J'ai mangé la mienne tout de suite, cria le plus jeune, et j'ai jeté le noyau comme inutile. Puis maman m'a encore donné la moitié de la sienne. Comme c'était bon et sucré ! Cela fondait dans la bouche !

— Cette conduite-là n'est pas précisément sage et prudente, dit le père, mais c'est celle d'un enfant de ton âge. Quand tu seras grand, tu apprendras à agir avec plus de sagesse. »

II.

47. — Il y a une classe d'adjectifs qui déterminent le nom en indiquant le *nombre :*

« Il y avait dans *un* bassin.... *trois* poissons rouges; *deux* de nos poissons.... »

Ces adjectifs qui désignent les nombres : *un*, *deux*, *trois*, *quatre*, *cinq*, *six*, *sept*, *huit*, *neuf*, *dix*, *cent*, *mille*, etc., sont des *adjectifs* NUMÉRAUX CARDINAUX.

1. Tiré d'une parabole de l'allemand Krummacher.

48. — Ceux qui marquent l'*ordre*, comme *premier*, *second*, *deuxième*, *troisième*, *dixième*, *pénultième*, sont des *adjectifs* NUMÉRAUX ORDINAUX :

« Moi, j'y veux aller, ajoute le *premier*... ; moi, dit le *deuxième*... ; le *troisième* poisson, etc. »

49.—Enfin d'autres adjectifs marquent le nombre d'une manière *indéterminée*. Ce sont :

Plusieurs, maint, quelque, tout.

Quelque, *tout*, lorsqu'ils ne marquent pas le nombre, sont adjectifs *indéfinis; tout* est adverbe quand il signifie *tout à fait*.

QUESTIONNAIRE. Qu'appelle-t-on adjectifs numéraux ? — cardinaux? ordinaux? — Pourquoi les nomme-t-on ordinaux? — Est-ce qu'il n'y a pas une troisième espèce d'adjectifs numéraux?

50. — A ces adjectifs de nombre répondent des adverbes qui marquent aussi le nombre, la QUANTITÉ.

Voici les principaux *adverbes de quantité* :

Beaucoup, bien, peu, autant, tant, si, aussi, trop, très, fort, assez, combien, plus, moins, davantage, plutôt, presque, environ, aussi, encore, quelque, ne.... que.

Ils répondent à la question *combien?*

Bien, adverbe de manière, répond à la question *comment?*

Bien, adverbe de quantité répond à la question *combien?*

Les adverbes de quantité se joignent souvent aux noms :

Trop d'enfants sont légers.

QUESTIONNAIRE. Y a-t-il des adverbes qui correspondent aux adjectifs? — Citez-moi des adverbes de quantité. — Quand est-ce que *bien* est adverbe de manière? — Quand est-il adverbe de quantité?— En quoi les adverbes de quantité diffèrent-ils des autres adverbes?— A quelle question répondent les adverbes de quantité? — Et les adjectifs numéraux cardinaux?

51. — Les pronoms indéfinis, qui désignent les êtres d'une manière vague, ont pour correspondants les *adjec-*

tifs INDÉFINIS, qui déterminent les noms d'une manière *vague* :

Chaque, quel, quelconque, tel, même, aucun, nul.

On peut y joindre :

Quelque, tout, plusieurs, maint (49).

Ces *adjectifs* diffèrent des *pronoms* correspondants en ce qu'ils accompagnent toujours un nom.

Quel sert aussi à interroger : « *Quelle* est cette maison ? »

QUESTIONNAIRE. N'y a-t-il pas des adjectifs qui répondent aux pronoms indéfinis? — En quoi ces adjectifs diffèrent-ils des pronoms du même nom? — Citez quelques-uns de ces mots qui sont adjectifs ou pronoms indéfinis, selon le cas. — N'y a-t-il pas un adjectif indéfini qui sert à interroger?

52. — Plusieurs de ces adjectifs sont *négatifs ;* on peut donc en rapprocher les *adverbes* de NÉGATION et de DOUTE : *ne*, *ne.... pas*, *ne.... point*, *nullement*, *peut-être*, et les *adverbes* d'AFFIRMATION qui leur sont opposés : *oui*, *si*, *certes*, *certainement*, *sans doute*, *en vérité*, *justement.*

QUESTIONNAIRE. — Qu'appelle-t-on adverbes de négation? — N'y a-t-il pas aussi des adverbes d'affirmation? — Citez les uns et les autres. — A quels adjectifs, à quels pronoms répondent les adverbes de négation et d'affirmation?

53. — Les classes des adjectifs sont épuisées, mais non celles des adverbes. Il nous reste à parler de ceux qui marquent le TEMPS.

Ils répondent à la question *quand ?*

Voici les principaux *adverbes de temps :*

Hier, aujourd'hui, demain ; autrefois, jadis, naguère; maintenant, désormais, dorénavant; alors, avant, devant, auparavant; soudain, aussitôt, bientôt, tantôt, tôt, tard ; enfin, ensuite ; toujours, jamais; parfois, quelquefois, souvent; quand, déjà.

54. — L'adverbe se compose quelquefois de plusieurs

mots. C'est alors une *locution adverbiale*. En voici quelques-unes :

A peine, tout à fait, tout à coup, tout de suite, à la bonne heure, tout à l'heure, à tort et à travers, sens dessus dessous, etc.

QUESTIONNAIRE. Est-ce qu'il y a des adjectifs ou des pronoms qui marquent le temps? — Et des adverbes? — A quelle question répondent ces adverbes? — Citez les principaux. — Comment appelle-t-on les adverbes composés de plusieurs mots?

55. — Ainsi, il y a *cinq* classes de *pronoms*,
cinq classes d'*adjectifs*,
cinq classes d'*adverbes;*

Plus ceux qui servent à interroger et qui appartiennent à diverses classes.

Mais ces subdivisions ne se correspondent pas complétement.

Voici cette triple classification en tableau :

PRONOMS.	ADJECTIFS	ADVERBES.
Pronoms personnels.	....	....
....	Adjectifs qualificatifs.	Adverbes de manière.
Pronoms possessifs.	Adjectifs possessifs.	....
Pronoms démonstratifs.	Adjectifs démonstratifs.	Adverbes de lieu.
Pronoms conjonctifs et interrogatifs.	Adjectifs interrogatifs.	Adverbes interrogatifs.
....	Adjectifs numéraux.	Adverbes de quantité.
Pronoms indéfinis.	Adjectifs indéfinis.	Adverbes de négation, de doute et d'affirmation.
....	....	Adverbes de temps.

56. — Tous les adjectifs n'ont pas les mêmes fonctions dans le discours.

L'adjectif *qualificatif* marque les qualités des personnes ou des choses; il les *qualifie*.

Les autres espèces d'adjectifs *déterminent* les êtres désignés par les noms, de manière à ce qu'on ne puisse les confondre avec aucun être semblable.

Ce livre, *mon* père, le *premier* cahier.

57. — L'article diffère des autres déterminatifs en ce qu'il ne détermine pas par lui-même, mais *annonce que le nom est déterminé* par autre chose (5, 479).

Le participe *qualifie*, comme l'adjectif *qualificatif*.

L'adverbe *modifie*.

QUESTIONNAIRE. Combien y a-t-il de classes de pronoms? — Nommez-les. — Combien de classes d'adjectifs? — Nommez-les. — Combien de classes d'adverbes? — Nommez-les. — Ces cinq classes correspondent-elles complétement entre elles?

Quelle est, dans une phrase, la fonction de l'adjectif qualificatif? — Quelle est celle des autres espèces d'adjectifs? — En quoi l'article diffère-t-il des autres déterminatifs? — Lorsqu'on parle des déterminatifs, en général, y comprend-on aussi l'article? — Quelle est la fonction du participe? — Et celle de l'adverbe?

EXERCICE. Désignez les diverses classes auxquelles appartiennent les *pronoms*, les *adjectifs* et les *adverbes* contenus dans le morceau suivant, ainsi que les *fonctions* des adjectifs et des adverbes.

LES PÊCHES.

II. Le second fils dit alors :

« J'ai ramassé le noyau que mon petit frère avait jeté; je l'ai cassé et j'ai mangé l'amande qu'il contenait; mais je n'ai pas mangé ma pêche, je l'ai vendue et j'en ai reçu assez d'argent pour pouvoir en acheter plusieurs, dix ou douze peut-être, la première fois que j'irai à la ville voisine.

— Tu as été très-prudent, dit le père, trop prudent même pour un enfant. J'ai bien peur que plus tard tu ne deviennes par trop économe. Et toi, Edmond, tu as mangé ta pêche comme les autres?

— Non, je ne l'ai pas mangée, dit Edmond. Georges, le fils de notre voisin, a la fièvre et ne veut rien prendre. Je lui ai porté ma pêche. Il n'en voulait pas, mais je l'ai posée sur son lit et je m'en suis allé bien vite.

— Eh bien! demanda le père, quel est celui de vous qui a fait le meilleur usage de sa pêche?

— C'est celui qui l'a donnée, c'est Edmond, » cria-t-on tout d'une voix.

Edmond ne dit rien, mais sa mère l'attira à elle et l'embrassa tendrement; elle avait les larmes aux yeux.

Exercice supplémentaire. Faites sur trois colonnes un tableau de la classification comparée des adjectifs, des pronoms et des adverbes, comme plus haut, et inscrivez dans chaque classe les adjectifs, les pronoms et les adverbes qui s'y rapportent. — Pour les adjectifs qualificatifs et les adverbes de manière, on se bornera à quelques-uns.

III.

COMPARATIFS ET SUPERLATIFS.

LA PLUS BELLE ÉTOILE [1].

« Frère, disait Marthe, viens donc voir! » Elle était dans la cour, c'était le soir, et le ciel était parsemé des astres les plus brillants.

« Regarde quelle belle étoile on voit là-haut, au-dessus des tilleuls, un peu plus haut que leur cime.

— Elle est bien belle, en effet, répondit le petit garçon; mais qu'est-ce que tu dirais donc, si tu voyais celle que j'ai aperçue certain matin que je m'étais levé beaucoup plus tôt que toi et que tout le monde?

— Je suis sûre qu'elle était moins belle que celle-là. Vois donc comme tous les autres astres semblent petits et pâles à côté d'elle!

— Oh! celle que j'ai vue était bien plus brillante. A ce moment-là tous les astres avaient disparu du ciel, on ne voyait plus qu'elle. Les merles sifflaient plus doucement, les fauvettes chantaient plus gaiement. Je suis sûr que c'était ma belle étoile qui les rendait si joyeux.

— Enfin, voilà papa; nous lui demanderons quel est l'astre le plus beau, de l'étoile du soir ou de celle du matin.

— Mes chers enfants, dit le père qui avait tout entendu, l'étoile du soir n'est ni plus ni moins belle que celle du matin; elles sont aussi belles l'une que l'autre, attendu que c'est la

1. Tiré d'un conte de Schmid.

même qu'on voit dans le voisinage du soleil, tantôt plus près, tantôt plus loin, le soir lorsqu'il vient de se coucher ou le matin avant qu'il se lève. Ainsi[1], vous aviez tous deux raison et tous deux tort. Il en est souvent ainsi[2] dans les disputes des hommes. »

58. — Nous avons vu que les adverbes s'ajoutent aux adjectifs pour en augmenter ou en diminuer la force. On trouve divers exemples de cet emploi de l'adverbe dans le récit qu'on vient de lire :

« Le ciel était parsemé des astres *les plus brillants*. Cette étoile est *bien belle;* l'autre était *moins belle* que celle-ci. Quel est l'astre *le plus beau*, de l'étoile du soir ou de celle du matin? L'étoile du soir n'est ni *plus* ni *moins belle;* elles sont *aussi belles* l'une que l'autre. »

On trouve également, dans ce récit, des adverbes ajoutés aux adverbes dans le même but :

« Un peu *plus haut ;* beaucoup *plus tôt* que toi; celle que j'ai vue était *bien plus* brillante; les merles sifflaient *plus doucement;* les fauvettes chantaient *plus gaiement;* tantôt *plus près*, tantôt *plus loin.* »

59. Nous voyons par ces phrases que lorsqu'on veut établir une comparaison, on met les adverbes *plus*, *moins*, *aussi*, devant les adjectifs ou devant les adverbes.

« Elle est *plus* belle, elle est *moins* belle, elle est *aussi* belle. »

« Les merles sifflaient *plus* doucement, *moins* doucement, *aussi* doucement. »

C'est ce qu'on appelle les *trois* COMPARATIFS :

Comparatif de *supériorité* : *plus* belle.

1. *Ainsi*, signifiant *donc*, conjonction.
2. *Ainsi*, signifiant *de même*, adverbe. Il faut toujours chercher le *sens* des mots pour reconnaître la classe à laquelle ils appartiennent.

Comparatif d'*inférorité : moins* belle.
Comparatif d'*égalité : aussi* belle.

Lorsqu'on se sert de l'adjectif simple et sans adverbe, on dit que c'est le POSITIF.

QUESTIONNAIRE. Les adjectifs et les adverbes ne peuvent-ils pas se modifier de manière à exprimer une comparaison? — Comment appelle-t-on la forme qu'ils prennent? — Combien y a-t-il de comparatifs? — Comment les forme-t-on?

60. — Dans la plupart des langues de l'Europe, l'adjectif et l'adverbe prennent une forme particuliere pour exprimer le *comparatif de supériorité*.

La langue française n'offre qu'un très-petit nombre d'adjectifs et d'adverbes de ce genre.

ADJECTIFS.	*positif*	bon.	*comparatif*	meilleur.
		mauvais.		pire.
		petit.		moindre.
ADVERBES.		bien.		mieux.
		mal.		pis.
		peu.		moins.
		beaucoup.		plus.

61. — Les comparatifs suivants sont moins anciens dans la langue française et beaucoup moins usités :

ADJECTIFS.	*positif.*	haut.	*comparatif.*	supérieur.
		bas.		inférieur.
		grand.		majeur.
		petit.		mineur.

Ces comparatifs s'emploient concurremment avec ceux qui sont formés à l'aide d'un adverbe. Ainsi, l'on dit également : *plus haut*, *plus bas*, *plus mauvais*, etc., mais on ne dit pas *plus bon*. *Mineur* ne s'emploie pas dans le même cas que *moindre;* on ne s'en sert que pour l'opposer à *majeur*.

QUESTIONNAIRE. Est-ce que certains adjectifs ou adverbes n'ont pas une forme particulière pour exprimer le comparatif de supériorité? — Citez-les. — N'y a-t-il pas encore des adjectifs comparatifs moins usités?

62. — Lorsque l'adjectif ou l'adverbe indique une qualité portée à un *très-haut degré* ou *au plus haut degré*, on dit qu'il est au SUPERLATIF :

« Cette étoile est *très-belle.* »

« C'est *la plus belle* étoile. »

En français, on indique que la qualité est portée à un très-haut degré en ajoutant au positif de l'adjectif ou de l'adverbe les mots : *très*, *fort*, *bien*, *beaucoup*, *extrêmement*, etc.

C'est le *superlatif* ABSOLU ou indépendant.

63. — On indique que la qualité est portée au plus haut degré possible en plaçant devant le comparatif, soit l'article, soit un adjectif possessif.

C'est *le mieux* que vous puissiez faire.
Sirius est *la plus brillante* des étoiles du ciel.
C'est *mon meilleur* ami.

C'est le *superlatif* RELATIF ou comparatif.

64. — La plupart des langues de l'Europe ont une forme pour le superlatif absolu comme pour le comparatif.

La langue française ne possède guère en ce genre que *minime*, très-petit, et *maxime* (peu usité), très-grand, et *généralissime*. *Illustrissime* et *révérendissime* sont des titres imités de l'italien.

QUESTIONNAIRE. Qu'appelle-t-on superlatif? — N'y a-t-il pas plusieurs formes du superlatif? — Comment forme-t-on le superlatif absolu? — le superlatif relatif? — Y a-t-il en français des adjectifs qui signifient par eux-mêmes un superlatif absolu? — Les adjectifs de toutes les classes peuvent-ils prendre le comparatif et le superlatif?

EXERCICE DE RÉCAPITULATION. I. Indiquer les comparatifs et les superlatifs contenus dans le récit suivant, en désignant la classe dans laquelle rentre chacun d'eux.

II. Indiquer, en outre, le genre, le nombre, la classe de tous les noms, les pronoms et les adjectifs.

LE MAUVAIS LOT[1].

Un voyageur rassembla ses trois enfants pour leur partager les trésors qu'il avait recueillis en Orient. « On me croit fort riche, leur dit-il; mais vous serez encore plus riches que moi si vous savez faire usage de tous les biens que je vous donnerai. Vous êtes trois; j'ai préparé trois petites cassettes: chacun de vous prendra celle qui lui conviendra le mieux. »

L'aîné ouvrit la première cassette. C'était une collection de très-belles pierres précieuses et de fort beaux diamants. « Je m'en tiens à ce lot, dit-il; il est impossible qu'un autre soit aussi merveilleusement assorti à mon goût. »

Le second se contenta moins facilement. La seconde cassette ne contenait qu'une infinité de graines noirâtres et presque imperceptibles. Il la referma donc, et prit la troisième qui se trouva pleine d'une quantité considérable de monnaies et de bijoux d'or et d'argent, plus remarquables par la matière que par le travail. En se levant, il poussa un cri de joie: « Allons! je n'ai pas le pire lot, » s'écria-t-il.

Il ne restait au troisième que la cassette remplie de graines, et il s'en désolait. « Crois-moi, lui dit son père, tu n'as pas été le moins favorisé. Sème ces graines dans un champ, et tu verras. »

Le premier acheta de son trésor une des plus belles maisons de la ville; il s'y logea le plus splendidement du monde, et, avec le revenu des autres appartements qu'il loua, il put se donner une existence tout à fait luxueuse.

Le second vendit ses monnaies et ses bijoux au prix le plus avantageux, et en mit la valeur dans une entreprise très-prospère. Cela lui fournit un revenu considérable et il s'estima le plus heureux des trois.

Quant au troisième, qui s'imaginait être le moins bien traité, il sema ses graines soigneusement dans un champ, comme son père le lui avait recommandé. En été, ce champ se couvrit des plus beaux pavots aux fleurs violettes, rouges ou

1. Conte allemand.

panachées, qui furent remplacées en automne par un fruit moins brillant, mais plus utile. Les capsules se gonflèrent et se remplirent de millions de graines qui, étant écrasées dans un moulin, donnèrent une huile du meilleur goût. Ce produit, encore inconnu dans le pays, y fut bientôt très-justement apprécié. La somme que le troisième fils retira de ses pavots la seconde année fut aussi considérable que celle que l'aîné retirait de sa maison; l'année suivante, il reçut une somme aussi élevée que le revenu de ses deux frères ensemble; la quatrième année, il fut plus riche encore, et ses frères vinrent se réfugier chez lui. La maison du premier avait été incendiée; l'entreprise du second avait péri par suite d'une faillite : mais les richesses du plus jeune frère étaient à l'abri de la faillite et de l'incendie.

CHAPITRE V.

VERBES.

I.

PERSONNES. — MODES.

LE NID DE FAUVETTE.

Je le tiens, ce nid de fauvette!
Ils sont deux, trois, quatre petits!
Depuis si longtemps je vous guette;
Pauvres oiseaux, vous voilà pris!

Criez, sifflez, petits rebelles,
Débattez-vous : oh! c'est en vain.
Vous n'avez pas encor vos ailes;
Comment vous sauver de ma main?

Mais quoi! n'entends-je point leur mère
Qui pousse des cris douloureux?
Oui, je le vois, oui, c'est leur père
Qui vient voltiger autour d'eux.

Ah! pourrais-je causer leur peine,
Moi qui, l'été, dans ces vallons,
Venais m'endormir sous un chêne
Au bruit de leurs douces chansons?

Hélas! si du sein de ma mère
Un méchant venait me ravir!
Je le sens bien, dans sa misère,
Elle n'aurait plus qu'à mourir.

Et je serais assez barbare
Pour vous arracher vos enfants?
Non, non, que rien ne vous sépare,
Non, les voici, je vous les rends.

Apprenez-leur, dans le bocage,
A voltiger auprès de vous;
Qu'ils écoutent votre ramage
Pour former des sons aussi doux.

Et moi, dans la saison prochaine,
Je reviendrai dans ces vallons
Dormir quelquefois sous un chêne
Au bruit de leurs jeunes chansons.

BERQUIN (1749-1791).

65.—Les verbes ont des personnes comme les pronoms :

Je sens, 1re personne.
Criez, *sifflez*, 2e personne.
Ils sont deux, 3e personne.
Je *sens*, tu *sens*, il *sent*, nous *sentons*, vous *sentez*, ils *sentent*.

66. — Il y a des cas cependant où les verbes n'ont pas de personnes, et les vers précédents nous en fournissent de nombreux exemples :

Comment vous *sauver*...?
C'est leur père qui vient *voltiger*....
Si un méchant venait me *ravir*....
Elle n'aurait plus qu'à *mourir*, etc.

Les participes, — qui font partie du verbe, — n'ont pas non plus de personnes :

Pauvres oiseaux, vous voilà *pris !*

67. — Le même verbe peut passer par un grand nombre de formes, dont l'ensemble constitue ce qu'on appelle la CONJUGAISON.

Je *tiens*, je *tenais*, je *tins*, *j'ai tenu*, je *tiendrai*.

Dans ces diverses formes, l'action de *tenir* est certaine; elle existe, elle a existé, elle existera.

Mais dans cette phrase : *Je tiendrais*, si je pouvais; l'action de *tenir* dépend d'une condition : *Si je pouvais*.

Et dans ce vers :

Non, non, que rien ne vous sépare;

Je désire, je veux que rien ne vous sépare; cependant je ne suis pas sûr que cela se fera.

Il en est de même dans cette phrase :

J'ordonne que l'on parte.

Je ne suis pas complétement certain d'être obéi. Si j'en étais complétement certain, je dirais : *On partira*.

Le verbe français a une forme pour exprimer ce *doute*, comme il en a une pour *commander*, une autre pour *affirmer*, et une enfin pour indiquer que l'action ne peut s'accomplir que sous une *condition*.

68. — Ces différentes manières de présenter l'action du verbe, s'appellent des MODES.

QUESTIONNAIRE. Les verbes ont-ils des personnes comme les pronoms? — Donnez-en des exemples. — Ont-ils toujours des personnes? — Qu'appelle-t-on les modes d'un verbe? — Donnez-en des exemples.

69. — Quand on affirme, quand on *indique* que l'action se fait, s'est faite ou se fera, c'est l'INDICATIF :

Je guette, je guettais, je guetterai.

70. — Quand on veut marquer que l'action se ferait si telle condition était réalisée, c'est le CONDITIONNEL.

Que je te rosserais, si j'avais du courage!

s'écrie un personnage de comédie.

71. — Quand on commande, c'est l'IMPÉRATIF :

Criez, sifflez!... débattez-vous!

72. — Quand on n'est pas sûr que l'action se fasse, quand il y a un premier verbe dont le second dépend, c'est le SUBJONCTIF.

Il faut qu'on *obéisse* avant de commander.
Je désire qu'ils *écoutent* votre ramage.

73. — Dans ces quatre modes : INDICATIF, CONDITIONNEL, IMPÉRATIF et SUBJONCTIF, le verbe a des personnes ; il n'en a pas dans l'INFINITIF, qui exprime l'action en général.

Dormir, chanter, courir.

Il n'a pas non plus de personne dans le participe, qui, comme nous l'avons vu (6), est une sorte d'adjectif formé du verbe.

Criant, sifflant; crié, sifflé.

74. — Les quatre premiers modes s'appellent *modes* PERSONNELS ; l'infinitif est le *mode* IMPERSONNEL.

Cherchons ces divers modes dans les vers précédents.

INDICATIF. Je le *tiens ;* ils *sont* deux ; je vous *guette ; c'est* en vain ; vous n'*avez* pas vos ailes ; n'*entends*-je point leur mère qui *pousse* des cris ? je le *vois ; c'est* leur père qui *vient* voltiger.... moi qui *venais* m'endormir.... je le *sens* bien ; je vous les *rends*.... je *reviendrai* dans ces vallons.

CONDITIONNEL. Ah ! *pourrais*-je causer leur peine ? Elle n'*aurait* plus qu'à mourir.... Je *serais* assez barbare !

IMPÉRATIF. *Criez*, *sifflez*, *débattez*-vous ; *apprenez*-leur à voltiger.

SUBJONCTIF. (Je veux) que rien ne vous *sépare ;* qu'ils *écoutent* votre ramage.

INFINITIF. Comment vous *sauver* de ma main ? Qui vient *voltiger* autour d'eux ; moi qui venais m'*endormir*.... me *ravir*.... elle n'aurait qu'à *mourir*, etc., etc.

On voit que les deux modes les plus employés sont l'*indicatif* et l'*infinitif*.

Questionnaire. Combien y a-t-il de modes dans les verbes français? — Dans quel cas emploie-t-on le mode indicatif? — le mode conditionnel? — le mode impératif? — le mode subjonctif? — le mode infinitif? — Donnez des exemples de chacun de ces modes. — Quels sont parmi les modes ceux qui sont personnels, impersonnels? — Quels sont les deux modes les plus employés?

Exercice. Indiquer dans le récit suivant à quels *modes* sont les verbes, et si ces modes sont ou non personnels.

LE LION ET LA MÈRE.

« Fuyez! fuyez! sauvez-vous! » criait-on un jour dans les rues de Florence; et tous les passants de s'élancer à droite, à gauche, dans les maisons, dans les boutiques, sous les portes cochères. On se serait effrayé à moins. Un lion venait de s'échapper de la ménagerie et, en attendant qu'on pût le reprendre, se promenait magistralement dans les rues. Ce qui redoublait la frayeur, c'était son air inquiet et féroce. Il fallait qu'il n'eût pas mangé de longtemps, car il semblait chercher partout une proie et se demander qui il dévorerait le premier de tous ceux qu'il voyait fuir devant lui. Une femme se trouvait au milieu de la rue, tenant un enfant dans ses bras. Tous avaient fui autour d'elle; elle se serait échappée comme les autres, mais, dans sa précipitation, elle s'embarrasse dans sa robe; et son enfant lui échappe. D'un bond le lion se jette sur lui; il le saisit dans sa gueule et cherche des yeux un endroit où il puisse le dévorer à son aise. La pauvre femme n'écoute que son désespoir : elle ne peut arracher son fils au lion de vive force, elle se jette à genoux devant lui, et lui tendant les bras : « Mon bon lion! lui dit-elle, ne dévore pas mon enfant! Rends-le-moi, je t'en supplie! » Le lion étonné s'arrête et la regarde. Il y avait tant d'éloquence dans le geste et l'attitude de cette femme, qu'il paraît déconcerté; il hésite, enfin il dépose l'enfant à terre et s'éloigne à pas lents. Le cri parti du cœur d'une mère avait triomphé de l'instinct et de la faim d'un animal féroce!

Exercice supplémentaire. Faites passer par tous les modes à la première et à la seconde personne seulement, et au présent, tous les verbes qui figurent dans le *Nid de fauvette.*

Exemple : Je tiens, je tiendrais, tiens, que je tienne, tenir, tenu.

II.

CLASSIFICATION DES VERBES.

LA BREBIS ET LE CHIEN.

La brebis et le chien, de tous les temps amis,
Se racontaient un jour leur vie infortunée.
« Ah! disait la brebis, je pleure et je frémis,
Quand je songe aux malheurs de notre destinée.
Toi, l'esclave de l'homme, adorant des ingrats,
Toujours soumis, tendre et fidèle,
Tu reçois, pour prix de ton zèle,
Des coups, et souvent le trépas.
Moi, qui tous les ans les habille,
Qui leur donne du lait et qui fume leurs champs,
Je vois chaque matin quelqu'un de ma famille
Assassiné par ces méchants.
Leurs confrères les loups dévorent ce qui reste.
Victimes de ces inhumains,
Travailler pour eux seuls, et mourir par leurs mains,
Voilà notre destin funeste!
— Il est vrai, dit le chien : mais crois-tu plus heureux
Les auteurs de notre misère?
Va, ma sœur, il vaut encor mieux
Souffrir le mal que de le faire.»

FLORIAN (1755-1794).

75. — Prenons d'abord dans cette fable les verbes qui sont à un mode personnel.

« La brebis et le chien se *racontaient* leur vie.... Ah! *disait* la brebis, je *pleure*, je *frémis* quand je *songe*.... Tu *reçois*, etc. »

Tous ces verbes ont un SUJET :

Qui est-ce qui racontait sa vie? *La brebis et le chien.*

Qui est-ce qui disait? *La brebis.*

Qui pleure? *Je.* — *Qui* frémit? *Je*, encore.

Le mot qui répond à la question *qui? qui est-ce qui?* faite avant le verbe, en est le *sujet.*

Le *sujet* est donc le mot qui *fait* l'action du verbe, quand le verbe désigne une action.

Ce sujet peut être un nom : « La *brebis* disait.... »

Un *pronom : Je* tremble, *je* frémis.

Un *infinitif : Travailler* pour eux est notre destin.

Un *adverbe : Beaucoup* l'ont essayé.

Toute une phrase :

Non, mieux vaut *qu'il se taise* et nous laisse tout faire.

76. — Quelquefois le sujet n'existe que dans la pensée; il est *sous-entendu* :

« Va, ma sœur. » C'est comme s'il y avait : « Toi, va, ma sœur. »

A l'*impératif*, le sujet est toujours sous-entendu.

Quant aux verbes à l'*infinitif*, leur sujet est ou n'est pas exprimé, suivant le sens de la phrase.

77. — Les verbes se divisent en plusieurs classes, d'après leur signification.

Il y a d'abord le verbe qui marque l'existence : *Être, je suis.*

Les autres verbes peuvent se décomposer : *Marcher*, c'est *être*, exister, et puis faire l'action de *marcher;* c'est *être marchant*, etc.; mais *être* subsiste par lui-même; c'est pour cela qu'on l'a nommé verbe SUBSTANTIF, ou essentiellement subsistant.

78. — Parmi les autres verbes, il y en a dont l'action est *faite par le sujet.*

J'aime, je marche. Ici c'est *moi* qui fais l'action d'*aimer*, de *marcher*.

Il en est autrement dans *je suis battu*. Ici ce n'est pas moi qui fais l'action de *battre*; je la reçois, au contraire.

Ces sortes de verbes, dans lesquels l'action est *reçue par le sujet*, sont des *verbes* PASSIFS :

Je suis battu, je suis attendu, je suis estimé, etc.

79. — Renversez le *verbe passif* et vous aurez le *verbe* ACTIF.

Chaque matin quelqu'un de ma famille *est assassiné* par ces méchants.

Renversez la phrase :

Chaque matin ces méchants *assassinent* quelqu'un de ma famille.

PASSIF : Les moutons *sont dévorés* par les loups.

ACTIF : Les loups *dévorent* les moutons.

Ainsi, dans le verbe *actif*, l'action est non-seulement faite par le sujet, mais elle est reçue par un OBJET, qui peut devenir le sujet du verbe mis au passif.

80. — Cet *objet* s'appelle aussi COMPLÉMENT DIRECT.

On l'appelle *direct*, parce qu'il n'est séparé du verbe par aucune préposition.

Ainsi, tout verbe qui peut avoir un complément direct, ou, en d'autres termes, être suivi des mots *quelqu'un* ou *quelque chose*, est un *verbe actif*.

Par conséquent, les verbes suivants sont actifs, puisqu'on peut dire :

Raconter quelque chose; *recevoir* quelqu'un *ou* quelque chose, *habiller* quelqu'un, *donner* quelque chose, *voir* quelque chose.

Ils se *racontaient* leur vie infortunée.

Tu *reçois* souvent le trépas.
Moi qui tous les ans les *habille*....
Je *vois* chaque matin quelqu'un....

81. — Dans le verbe NEUTRE, — c'est-à-dire qui n'est ni actif ni passif, — l'action est également *faite par le sujet;* mais elle ne passe pas *directement* à un *objet.* Le verbe neutre *n'a pas de complément,* ou il n'en a qu'à *l'aide d'une préposition.*

Je frémis, je songe,

sont des verbes neutres, car on ne *frémit* pas quelque chose, on ne *songe* pas quelque chose; on frémit *à* une pensée, on songe *à* un malheur. Le complément est INDIRECT.

82. — Un verbe, *actif de sa nature,* peut devenir *neutre* lorsqu'il n'a pas de complément direct.

Ainsi l'on dit : *Pleurer l'enfant* qu'on a perdu; *pleurer son malheur,* et cependant le verbe *pleurer* est neutre dans ce vers :

Ah! disait la brebis, je *pleure,* je *frémis.*

83. — Un *verbe ordinairement neutre* peut de même devenir *actif* dans certains cas.

Ainsi, *travailler* est neutre dans cette phrase :

Travailler pour eux seuls, etc.

Mais il est actif, quand on dit : *travailler la terre, travailler un métal.*

QUESTIONNAIRE. Qu'est-ce que c'est que le sujet d'un verbe? — Quelles sortes de mots peuvent être les sujets d'un verbe? — Le sujet d'un verbe est-il toujours exprimé? — Le sujet des verbes à un mode impersonnel est-il toujours exprimé? — Quel nom particulier donne-t-on au verbe *être?* — Pourquoi l'appelle-t-on verbe substantif? — Comment appelle-t-on les verbes dans lesquels l'action au lieu d'être faite par le sujet est reçue par lui? — Qu'est-ce qu'un verbe actif? — Comment reconnaît-on qu'un verbe est actif? — Qu'est-ce que c'est que le complément direct? — En quoi le verbe neutre diffère-t-il du verbe actif? — Le même verbe peut-il être actif ou neutre, suivant les cas? — Qu'appelle-t-on complément indirect?

Poursuivons notre revue.

84. — Dans certains verbes, l'action, faite par le sujet, revient sur le sujet lui-même.

Je me flatte.

C'est moi qui flatte et c'est moi qui suis flatté. Le *sujet* et l'*objet* ne font qu'un. L'action se replie, pour ainsi dire, se *réfléchit*.

85. — Quelquefois, lorsque le sujet est double, l'action est *réciproque*, c'est-à-dire passe d'un sujet sur l'autre. Les deux armées *se* battent, c'est-à-dire *l'une bat l'autre.*

« La brebis et le chien *se* racontaient leur vie : »
l'un racontait *à l'autre* et *l'autre* racontait *à l'un.*

86. — Ces verbes et d'autres encore qui, dans les modes personnels, sont précédés, en français, de deux pronoms de la même personne, s'appellent, en général, VERBES PRONOMINAUX.

Je me flatte, tu te repens, nous nous battons, vous vous racontez, ils se désolent.

87. — Dans ces cinq classes de verbes, le sujet est toujours une personne ou une chose. Il nous reste à parler d'une sixième espèce de verbes, dans lesquels l'action n'est *jamais faite par une personne* ou *une chose.*

Il pleut, *il* tonne, *il* faut, *il* y a, *il* est vrai.
Il est vrai, dit le chien, que l'homme est bien ingrat,

Ce n'est pas quelqu'un, ce n'est pas quelque chose qui *pleut,* qui *tonne,* qui *faut,* qui *a,* etc.

Aussi ces verbes, dont le sujet n'est jamais une *per-*

sonne ni une chose, sont-ils appelés *verbes* IMPERSONNELS. Ils ne s'emploient qu'à la troisième personne du singulier et sont toujours précédés du mot *il*.

Va, ma sœur, *il vaut* encor mieux
Souffrir le mal que de le faire.

88. — Ce mot IL n'a que l'apparence d'un sujet.

Qu'est-ce qui est vrai? Que l'homme est bien ingrat.

Qu'est-ce qui vaut mieux? Souffrir le mal que de le faire.

Il n'est donc que le *sujet* APPARENT des verbes impersonnels, le *sujet* RÉEL est placé après le verbe, et quelquefois ce sujet est une phrase tout entière.

89. — Ainsi, en résumé, il y a six classes de verbes :

1° Le verbe unique et subsistant par lui-même : VERBE SUBSTANTIF.

2° Les verbes dont le sujet n'est jamais personnel : VERBES IMPERSONNELS.

3° Les verbes dans lesquels l'action est reçue par le sujet : VERBES PASSIFS.

4° Les verbes dans lesquels l'action faite par le sujet ne passe pas directement à un objet : VERBES NEUTRES.

5° Les verbes dans lesquels l'action faite par le sujet revient sur le sujet lui-même (*réfléchis*),

ou passe d'un sujet à l'autre (*réciproques*),

et qui se conjuguent avec deux pronoms de la même personne : VERBES PRONOMINAUX.

6° Les verbes dans lesquels l'action faite par le sujet passe directement à un objet distinct du sujet : VERBES ACTIFS.

90. — Terminons par une observation sur le mot *voilà* employé dans la fable ci-dessus.

Ces mots *voici*, *voilà*, sont des contractions de *vois ici*, *vois là*. C'est au fond un verbe et un adverbe. Il faut décomposer ces deux mots pour se rendre bien compte de leur rôle.

QUESTIONNAIRE. Qu'appelle-t-on verbes réfléchis? — réciproques? — pronominaux? — Qu'est-ce que c'est que les verbes impersonnels? — Qu'a de particulier le sujet des verbes impersonnels? — En résumé, combien de classes de verbes? — Que signifient, au fond, les mots : *voici*, *voilà*?

EXERCICE. Classer dans leurs six divisions tous les verbes du morceau suivant :

LE PAUVRE ET SON CHIEN[1].

I. « Je n'ai rien, mon bonhomme, » lui dis-je. Je parlais à un vieillard couvert de haillons, qui s'était avancé jusqu'à deux pas de la portière de la voiture, tenant son bonnet de laine rouge à la main. Son geste et ses yeux demandaient, sa bouche ne parlait pas. Il avait un chien qui tenait, ainsi que son maître, ses yeux fixés sur moi, et qui semblait également solliciter ma charité.

« Je n'ai rien, » dis-je une seconde fois. C'était en même temps un mensonge et un acte de dureté. Je rougis d'avoir ainsi parlé. « Mais, pensai-je en moi-même, ces pauvres sont si importuns ! » Il me fallait une excuse pour ma dureté, elle ne me fut pas donnée. « Dieu vous conserve! » me dit le pauvre, et il se retira humblement.

« Ohé! ohé! amenez vite les chevaux! » cria une voix qui sortait d'une berline arrivant à grand bruit. Les postillons coururent. Le bon vieillard et son chien s'approchèrent, n'obtinrent rien, et se retirèrent sans murmurer.

J'avais eu tort, je le sentais; mais j'aurais été fâché que les voyageurs de la berline n'eussent pas fait comme moi. C'est un vilain sentiment, il est vrai, mais presque tous les hommes l'éprouvent. « Après tout, me dis-je, ces gens-là sont plus riches que moi, et s'ils ne donnent rien, il m'est bien permis

1. STERNE (1713-1768).

de n'être pas plus généreux....» Puis, j'eus honte de ce sentiment d'égoïsme. « Leur dureté excuserait-elle la mienne? » m'écriai-je, et me voilà cherchant le pauvre des yeux comme si j'eusse voulu le rappeler.

Exercice supplémentaire. Tirer des verbes de tous les mots qui peuvent en fournir dans la fable *la Brebis et le Chien*, puis dans le récit ci-dessus; et dire s'ils sont actifs, neutres, etc.

Exemple : vie, vivre, *neutre;* etc.

III.

TEMPS.

LA LAITIÈRE ET LE POT AU LAIT.

Perrette, sur sa tête ayant un pot au lait
Bien posé sur un coussinet,
Prétendait arriver sans encombre à la ville.
Légère et court vêtue, elle allait à grands pas,
Ayant mis ce jour-là, pour être plus agile,
Cotillon simple et souliers plats.
Notre laitière ainsi troussée
Comptait déjà dans sa pensée
Tout le prix de son lait; en employait l'argent;
Achetait un cent d'œufs; faisait triple couvée :
La chose allait à bien par son soin diligent.
« Il m'est, disait-elle, facile
D'élever des poulets autour de ma maison;
Le renard sera bien habile
S'il ne m'en laisse assez pour avoir un cochon.
Le porc à s'engraisser coûtera peu de son;
Il était, quand je l'eus, de grosseur raisonnable :
J'aurai, le revendant, de l'argent bel et bon.
Et qui m'empêchera de mettre en notre étable,
Vu le prix dont il est, une vache et son veau,
Que je verrai sauter au milieu du troupeau?»

Perrette là-dessus saute aussi, transportée :
Le lait tombe ; adieu, veau, vache, cochon, couvée !
La dame[1] de ces biens, quittant d'un œil marri[2]
Sa fortune ainsi répandue,
Va s'excuser à son mari,
En grand danger d'être battue.
Le récit en farce en fut fait ;
On l'appela *le Pot au lait.*

LA FONTAINE (1621-1695).

91. — L'action marquée par le verbe peut s'accomplir :

Soit dans le *présent*,

Soit dans le *passé*,

Soit dans l'*avenir*.

La forme que prend le verbe pour indiquer ces diverses époques s'appelle le TEMPS.

Il y a donc dans les verbes trois *temps* principaux : le PRÉSENT, le PASSÉ et le FUTUR.

La fable précédente nous offre des exemples de ces trois temps.

Perrette là-dessus *saute* aussi ;
Le lait *tombe ;* la dame *va* s'excuser.

Voilà le *présent*.

Les exemples du *passé* sont plus nombreux :

Perrette *prétendait* arriver sans encombre à la ville ; elle *allait* à grands pas ; elle *comptait* le prix de son lait, etc.

Il *était*, quand je *l'eus*, de grosseur raisonnable.

Le récit en farce en *fut fait ;* on l'*appela* le Pot au lait.

Voici maintenant le *futur* :

Le renard *sera* bien habile ; le porc *coûtera* peu de son ; *j'aurai* de l'argent. Qui *m'empêchera ?*... que je *verrai* sauter au milieu du troupeau.

1. La *propriétaire* de ces biens. — 2. Vieux mot : *fâché.*

92. — Le présent n'a qu'une forme dans toutes les langues.

93. — Le passé en a *sept* en français.

Il y a d'abord le passé qui sert pour le récit; on l'appelle *passé* DÉFINI, parce qu'il faut toujours déterminer, *définir* l'époque où s'est passée l'action qu'il indique.

Perrette ALLA à la ville *la semaine dernière.*
Il *était*, quand je L'EUS, de grosseur raisonnable.
Le récit en farce en FUT FAIT *à l'époque où arriva l'aventure.*

94. — Puis le *passé* INDÉFINI, dont on peut à volonté définir ou ne pas définir l'époque, et qui indique seulement qu'une chose est passée.

Perrette EST ALLÉE à la ville *aujourd'hui.*
Nos soldats *ont été* à Rome.

95. — Le *passé* IMPARFAIT indique *en général* une action qui s'est accomplie *en même temps qu'une autre.*

Tout en raisonnant ainsi, Perrette ALLAIT à grands pas.
Tous les jours elle ALLAIT au marché.

96. — Le *passé* PLUS-QUE-PARFAIT indique une action qui s'est accomplie avant une autre.

Perrette AVAIT FAIT beaucoup de chemin quand la cruche *cassa.*

97. — Le PASSÉ ANTÉRIEUR indique également une action qui s'est accomplie avant une autre, mais dans des rapports différents.

A peine Perrette EUT-elle SAUTÉ, que sa cruche se *cassa.*

98. — A ces cinq passés, qui sont d'un emploi continuel, il faut en ajouter deux, qui sont beaucoup moins usités.

C'est le SECOND PASSÉ ANTÉRIEUR :

Quand j'AI EU CHANTÉ, je me *suis retiré.*

Et le SECOND PLUS-QUE-PARFAIT :

À peine AVAIT-IL CHANTÉ, qu'il se retira.

99. — Le futur se divise en deux temps :

Le FUTUR ABSOLU désigne simplement une action à venir.

Qui m'*empêchera* d'acheter une vache et son veau?

100. — Le FUTUR ANTÉRIEUR indique un fait qui s'accomplira avant un autre.

Quand j'AURAI ÉLEVÉ un porc, je le *vendrai*, disait Perrette.

Ce temps est, avec le *futur*, dans le même rapport que le *passé antérieur* avec le *passé défini*.

Quand je l'EUS ÉLEVÉ, je le *vendis*.

La *seconde* forme du FUTUR ANTÉRIEUR est peu usitée :

À peine AURAI-je EU TERMINÉ ce chapitre, que je *partirai* pour la campagne.

QUESTIONNAIRE. Qu'appelle-t-on temps dans les verbes? — Combien de temps principaux? — Donnez-en des exemples? — Y a-t-il plusieurs formes pour le présent? — Et pour le passé, en français? — Que désigne le passé défini ou *narratif?* — Donnez des exemples? — Que désigne le passé indéfini? — Que désigne le passé imparfait? — Que désigne le passé plus-que-parfait? — Que désigne le passé antérieur? — N'existe-t-il pas encore d'autres passés moins employés? — Y a-t-il plusieurs futurs dans nos verbes? — Comment les appelle-t-on? — Que désigne le futur antérieur? — N'y a-t-il pas une seconde forme moins usitée du futur antérieur? — Combien de temps en tout?

101. — L'INDICATIF a les trois temps : le *présent*, le *passé* et le *futur*.

C'est à ce mode que se rapportent les sept passés et les deux futurs.

Le CONDITIONNEL n'a que le *présent* et le *passé*, mais il a *deux* formes pour le passé.

L'IMPÉRATIF a le *présent* et le *futur antérieur*.

Le SUBJONCTIF a le *présent* et *trois passés*.

L'INFINITIF a le *présent* et le *passé.*

Dans ces quatre derniers modes, la forme du présent sert aussi pour le futur :

Si *demain* on venait me ravir à ma mère,
Elle *n'aurait* plus qu'à mourir. *Conditionnel.*

Quand vous *verrez* ces signes, *dites*-vous que la fin du monde approche. *Impératif.*

Je veux que dès *demain* on se *mette* à l'ouvrage. *Subjonctif.*

Il faut *partir demain.* *Infinitif.*

102. — Le PARTICIPE a aussi un *présent :*

Perrette sur sa tête *ayant* un pot au lait.

et un *passé :*

Ayant mis ce jour-là, pour être plus agile,
Cotillon simple et souliers plats.

Ayant indique une chose faite au moment de la parole.

Ayant mis indique une chose faite antérieurement.

Ces deux participes sont *actifs* (79). L'action est faite par le sujet qualifié ; c'est Perrette qui *a* et qui *a mis.*

Mais dans ces phrases :

Perrette voit sa fortune *répandue ;* Perrette saute *transportée.*

les participes *répandue, transportée,* ne sont pas actifs, puisque ce n'est pas la fortune qui répand, puisque ce n'est pas Perrette qui transporte (79). Ici le sujet ne fait pas l'action ; il la reçoit. C'est donc un participe *passif* (78). Il est *passé,* d'ailleurs, puisque la fortune *a été* répandue précédemment; puisque Perrette *a été* transportée de joie avant de sauter.

Il y a donc, dans certains verbes, un double participe passé, le participe passé actif et le participe passé passif. C'est de celui-ci qu'on parle ordinairement quand on cite le *participe passé.*

Questionnaire. L'indicatif a-t-il les trois temps? — Et le conditionnel? — Et l'impératif? — Et le subjonctif? — Et l'infinitif? — omment exprime-t-on le futur dans les quatre modes qui n'ont pas e forme spéciale pour ce temps?

Exercice. Indiquer les modes et les temps des verbes contenus ans le récit suivant :

LE PAUVRE ET SON CHIEN.

II. Le pauvre s'était assis sur un banc de pierre; son chien se laça vis-à-vis de lui, la tête appuyée entre les genoux de son aître qui le flattait de la main sans lever les yeux de mon côté. ur le même banc, je vis un soldat qu'à ses souliers poudreux n reconnaissait pour un voyageur. Il avait posé son havre-sac ur le banc, et, par-dessus, son sabre et son chapeau. Il paraisait reprendre haleine pour continuer sa route. Quand il se fut essuyé le front avec la main, il se tourna vers un chien qui le suivait : « Repose-toi donc aussi, » lui dit-il. Le chien obéit et vint s'asseoir à terre à côté de son maître, en regardant les passants d'un air fier.

Le chien du soldat me fit mieux remarquer le chien du pauvre. L'extérieur de celui-ci n'avait rien qui justifiât l'attachement de son maître : il était noir, fort laid et à moitié pelé; et je m'étonnai que le vieillard, réduit à la misère, voulût ainsi partager avec lui une nourriture rare et souvent incertaine. Leur subsistance aurait été plus assurée, sans aucun doute, pour peu qu'ils l'eussent cherchée séparément. L'homme aurait eu moins de privations sans son chien le chien; eût été mieux nourri avec un autre maître. L'air dont ils se regardaient m'expliqua tout. « Pauvre chien! m'écriai-je, il est bien juste qu'il t'aime : tu as été son compagnon, son ami, son frère. Il n'y a que toi qui n'aies pas dédaigné sa misère. Sans toi, le pauvre vieillard serait mort de douleur. Qu'il ait faim, qu'il ait froid, qu'il éprouve des rebuts, tu es là, tu lui lèches les mains, tu le caresses ; il t'aime et tu l'aimes; il n'est plus seul au monde. »

En ce moment la glace de la berline se baissa, et il tomba quelques débris des viandes froides avec lesquelles les voyageurs venaient de déjeuner....

Exercice supplémentaire. Prenez les cinq premiers verbes de la *Laitière* et faites-les passer par tous les temps et tous les modes, à la première et à la seconde personne du singulier seulement.

IV.

CONJUGAISON.

VERBES AUXILIAIRES.

103. — Il y a dans la conjugaison des temps SIMPLES et des temps COMPOSÉS.

Les temps *composés* sont formés du participe passé du verbe que l'on conjugue, précédé de l'un des temps du verbe *avoir* ou du verbe *être*.

J'ai aimé, je suis tombé.

Les temps *simples* ne contiennent que le verbe conjugué.

J'aime, je tombe.

104. — Le verbe *actif* AVOIR et le verbe *substantif* ÊTRE prennent le nom d'AUXILIAIRES ou d'*aides*, lorsqu'ils aident à conjuguer les autres verbes.

Comme tous les temps d'*avoir* et d'*être* figurent dans la conjugaison des autres verbes, nous plaçons ces verbes les premiers. Ils sont très-irréguliers.

I. INFINITIF.

PRÉSENT.

Avoir.	Être.

PASSÉ.

Avoir eu.	Avoir été.

PARTICIPES.

PRÉSENT.

Ayant.	Étant.

PASSÉ ACTIF.

Ayant eu.	....

PASSÉ PASSIF.

Eu, eue.	Été.

II. INDICATIF.

PRÉSENT.

Maintenant

J'ai.	Je suis.
Tu as.	Tu es.
Il *ou* elle a.	Il *ou* elle est.
Nous avons.	Nous sommes.
Vous avez.	Vous êtes.
Ils *ou* elles ont.	Ils *ou* elles sont.

PASSÉ IMPARFAIT.

Quand on vint,

J'avais.	J'étais.
Tu avais.	Tu étais.
Il *ou* elle avait.	Il *ou* elle était.
Nous avions.	Nous étions.
Vous aviez.	Vous étiez.
Ils *ou* elles avaient.	Ils *ou* elles étaient.

PASSÉ DÉFINI.

L'an passé,

J'eus.	Je fus.
Tu eus.	Tu fus.
Il *ou* elle eut.	Il *ou* elle fut.
Nous eûmes.	Nous fûmes.
Vous eûtes.	Vous fûtes.
Ils *ou* elles eurent.	Ils *ou* elles furent.

PASSÉ INDÉFINI,

formé du présent du verbe *avoir* et du participe passé du verbe conjugué.

Ce matin *ou* à une époque quelconque,

J'ai eu.	J'ai été.
Tu as eu.	Tu as été.
Il *ou* elle a eu.	Il *ou* elle a été.
Nous avons eu.	Nous avons été.
Vous avez eu.	Vous avez été.
Ils *ou* elles ont eu.	Ils *ou* elles ont été.

PASSÉ ANTÉRIEUR,

formé du passé défini du verbe *avoir* et du participe passé du verbe conjugué.

On vint lorsque

J'eus eu.	J'eus été.
Tu eus eu.	Tu eus été.
Il *ou* elle eut eu.	Il *ou* elle eut été.
Nous eûmes eu.	Nous eûmes été.
Vous eûtes eu.	Vous eûtes été.
Ils *ou* elles eurent eu.	Ils *ou* elles eurent été.

PASSÉ PLUS-QUE-PARFAIT,
formé du passé imparf. du verbe *avoir* et du part. passé du verbe conjugué.

Quand on vint,

J'avais eu.	J'avais été.
Tu avais eu.	Tu avais été.
Il *ou* elle avait eu.	Il *ou* elle avait été.
Nous avions eu.	Nous avions été.
Vous aviez eu.	Vous aviez été.
Ils *ou* elles avaient eu.	Ils *ou* elles avaient été.

FUTUR ABSOLU.

Demain

J'aurai.	Je serai.
Tu auras.	Tu seras.
Il *ou* elle aura.	Il *ou* elle sera.
Nous aurons.	Nous serons.
Vous aurez.	Vous serez.
Ils *ou* elles auront.	Ils *ou* elles seront.

FUTUR ANTÉRIEUR,
formé du futur absolu du verbe *avoir* et du participe passé du verbe conjugué.

Je partirai quand

J'aurai eu.	J'aurai été.
Tu auras eu.	Tu auras été.
Il *ou* elle aura eu.	Il *ou* elle aura été.
Nous aurons eu.	Nous aurons été.
Vous aurez eu.	Vous aurez été
Ils *ou* elles auront eu.	Ils *ou* elles auront été.

III. CONDITIONNEL.

PRÉSENT.

Si je pouvais,

J'aurais.	Je serais.
Tu aurais.	Tu serais.
Il *ou* elle aurait.	Il *ou* elle serait.
Nous aurions.	Nous serions.
Vous auriez.	Vous seriez.
Ils *ou* elles auraient.	Ils *ou* elles seraient.

Ier PASSÉ,
formé du condit. prés. du verbe *avoir* et du part. passé du verbe conjugué.

Si j'avais pu,

J'aurais eu.	J'aurais été.
Tu aurais eu.	Tu aurais été.
Il *ou* elle aurait eu.	Il *ou* elle aurait été.
Nous aurions eu.	Nous aurions été.
Vous auriez eu.	Vous auriez été.
Ils *ou* elles auraient eu.	Ils *ou* elles auraient été.

2e PASSÉ,

Si j'avais pu,

J'eusse eu.
Tu eusses eu.
Il *ou* elle eût eu.
Nous eusions eu.
Vous eussiez eu.
Ils *ou* elles eussent eu.

J'eusse été.
Tu eusses été.
Il *ou* elle eût été.
Nous eussions été.
Vous eussiez été.
Ils *ou* elles eussent été.

IV. IMPÉRATIF.

Aie.
Ayons.
Ayez.

Sois.
Soyons.
Soyez.

V. SUBJONCTIF

PRÉSENT OU FUTUR.

Il faut

Que j'aie.
Que tu aies.
Qu'il *ou* qu'elle ait.
Que nous ayons.
Que vous ayez.
Qu'ils *ou* qu'elles aient.

Que je sois.
Que tu sois.
Qu'il *ou* qu'elle soit.
Que nous soyons.
Que vous soyez.
Qu'ils *ou* qu'elles soient.

PASSÉ IMPARFAIT.

Il fallait

Que j'eusse.
Que tu eusses.
Qu'il *ou* qu'elle eût.
Que nous eussions.
Que vous eussiez.
Qu'ils *ou* qu'elles eussent.

Que je fusse.
Que tu fusses.
Qu'il *ou* qu'elle fût.
Que nous fussions.
Que vous fussiez.
Qu'ils *ou* qu'elles fussent.

PASSÉ PARFAIT,
formé du subjonctif présent du verbe *avoir* et du participe passé du verbe conjugué.

Il a fallu

Que j'aie eu.
Que tu aies eu.
Qu'il *ou* qu'elle ait eu.
Que nous ayons eu.
Que vous ayez eu.
Qu'ils *ou* qu'elles aient eu.

Que j'aie été.
Que tu aies été.
Qu'il *ou* qu'elle ait été.
Que nous ayons été.
Que vous ayez été.
Qu'ils *ou* qu'elles aient été.

PASSÉ PLUS-QUE-PARFAIT

formé de l'imparfait du subjonctif du verbe *avoir* et du participe passé du verbe conjugué.

Il aurait fallu

Que j'eusse eu.	Que j'eusse été.
Que tu eusses eu.	Que tu eusses été.
Qu'il *ou* qu'elle eût eu.	Qu'il *ou* qu'elle eût été.
Que nous eussions eu.	Que nous eussions été.
Que vous eussiez eu.	Que vous eussiez été.
Qu'ils *ou* qu'elles eussent eu.	Qu'ils *ou* qu'elles eussent été.

QUESTIONNAIRE. Qu'appelle-t-on temps *simples* dans les verbes. — Et temps *composés*? — Quels verbes servent à conjuguer les temps composés? — Que signifie le mot auxiliaire? — Ces verbes sont-ils réguliers ou irréguliers? — Conjuguez le verbe *avoir* à l'impératif, au conditionnel, etc.; — le verbe *être* au passé défini, à l'imparfait du subjonctif, etc.

EXERCICE ÉCRIT. Indiquer la classe, le mode, le temps et la personne des verbes contenus dans le récit suivant.

LE PAUVRE ET SON CHIEN.

III. ... Les deux chiens s'élancèrent pour recueillir les débris qui venaient d'être jetés. La berline partit brusquement : un chien fut écrasé, c'était celui du pauvre. Le chien jeta un cri ; ce fut le dernier. Son maître s'était précipité sur lui dans le plus sombre désespoir. Il ne pleurait point; il ne le pouvait pas. «Mon bonhomme! » lui criai-je. Il retourna douloureusement la tête; je lui jetai un écu de six francs, qui roula à côté de lui sans qu'il s'en mît en peine. Il ne me remercia que par un signe de tête affectueux, et il reprit son chien dans ses bras. Hélas! le pauvre animal était mort.

« Mon ami, dit le soldat en lui tendant la main avec les six francs qu'il avait ramassés, ce brave gentilhomme anglais vous a donné de l'argent. Il est bien heureux, il est riche! tout le monde ne l'est pas. Je n'ai qu'une chose qui puisse vous être offerte, vous avez perdu votre chien: prenez le mien; il est à vous. » En même temps il attacha son chien avec une petite corde qu'il mit dans la main du pauvre, et il s'éloigna.

« O monsieur le soldat! » s'écria le vieillard pénétré en tendant les bras vers lui. Le soldat s'éloignait toujours, laissant le pauvre dans l'extase de la surprise et de la reconnaissance.

« Mais la bénédiction du pauvre, mais les miennes te suivront partout, noble cœur! m'écriai-je. Eh, que suis-je auprès de toi? Je n'ai donné à ce malheureux que de l'argent. Tu viens de lui rendre un ami. »

V.

LES QUATRE CONJUGAISONS.

105. — On divise les verbes en quatre classes ou *conjugaisons*, d'après la terminaison de leur infinitif.

Ceux de la première conjugaison ont l'infinitif en *er*, comme *aimer*.

Ceux de la seconde ont l'infinitif en *ir*, comme *finir*.

Ceux de la troisième ont l'infinitif en *oir*, comme *pourvoir*.

Ceux de la quatrième ont l'infinitif en *re*, comme *rendre*.

La plupart des verbes appartiennent à la première conjugaison. La troisième n'en contient qu'un petit nombre.

Quoique cette subdivision soit loin d'être suffisante, nous nous y conformerons ici.

1re conjugaison.	2e conjugaison.	3e conjugaison.	4e conjugaison
	I. INFINITIF.		
	PRÉSENT.		
Chant *er*.	Fin *ir*.	Pourv *oir*.	Rend *re*.
	PASSÉ.		
Avoir *chanté*.	Avoir *fini*.	Avoir *pourvu*.	Avoir *rendu*
	PARTICIPES		
	PRÉSENT.		
Chant *ant*.	Finiss *ant*.	Pourvoy *ant*.	Rend *ant*.
	PASSÉ ACTIF.		
Ayant *chanté*.	Ayant *fini*.	Ayant *pourvu*.	Ayant *rendu*.
	PASSÉ PASSIF.		
Chant *é*.	Fin *i*.	Pourv *u*.	Rend *u*.

1re conjugaison.	2e conjugaison.	3e conjugaison.	4e conjugaison.

II. INDICATIF.

PRÉSENT.

Maintenant

Je chant *e.*	Je fin *is.*	Je pourvoi *s.*	Je rend *s.*
Tu chant *es.*	Tu fin *is.*	Tu pourvoi *s.*	Tu rend *s.*
Il chant *e.*	Il fin *it.*	Il pourvoi *t.*	Il ren *d.*
N. chant *ons.*	N. fin*iss* *ons.*	N. pourvo*y* *ons.*	N. rend *ons.*
V. chant *ez.*	V. fin*iss* *ez.*	V. pourvo*y* *ez.*	V. rend *ez.*
Ils chant *ent.*	Ils fin*iss* *ent.*	Ils pourvoi *ent.*	Ils rend *ent.*

PASSÉ IMPARFAIT.

Quand on vint

Je chant *ais.*	Je fin*iss* *ais.*	Je pourvo*y* *ais.*	Je rend *ais.*
Tu chant *ais.*	Tu fin*iss* *ais.*	Tu pourvo*y* *ais.*	Tu rend *ais.*
Il chant *ait.*	Il fin*iss* *ait.*	Il pourvo*y* *ait.*	Il rend *ait.*
N. chant *ions.*	N. fin*iss* *ions.*	N. pourvo*y* *ions*	N. rend *ions.*
V. chant *iez.*	V. fin*iss* *iez.*	V. pourvo*y* *iez.*	V. rend *iez.*
Ils chant *aient.*	Ils fin*iss* *aient.*	Ils pourvo*y* *aient.*	Ils rend *aient.*

PASSÉ DÉFINI.

L'an passé,

Je chant *ai.*	Je fin *is.*	Je pourv *us.*	Je rend *is.*
Tu chant *as.*	Tu fin *is.*	Tu pourv *us.*	Tu rend *is.*
Il chant *a.*	Il fin *it.*	Il pourv *ut.*	Il rend *it.*
N. chant *âmes.*	N. fin *îmes.*	N. pourv *ûmes.*	N. rend *îmes.*
V. chant *âtes.*	V. fin *îtes.*	V. pourv *ûtes.*	V. rend *îtes.*
Ils chant *èrent.*	Ils fin *irent.*	Ils pourv *urent.*	Ils rend *irent.*

PASSÉ INDÉFINI.

Ce matin *ou* à une époque quelconque,

J'ai chanté.	J'ai fini.	J'ai pourvu.	J'ai rendu.
Tu as *id.*	Tu as *id.*	Tu as *id.*	Tu as *id.*
Il a *id.*	Il a *id.*	Il a *id.*	Il a *id.*
N. avons *id.*	N. avons *id.*	N. avons *id.*	N. avons *id.*
V. avez *id.*	V. avez *id.*	V. avez *id.*	V. avez *id.*
Ils ont *id.*	Ils ont *id.*	Ils ont *id.*	Ils ont *id.*

* PASSÉ ANTÉRIEUR INDÉFINI.

On est venu lorsque

J'ai eu chanté.	J'ai eu fini.	J'ai eu pourvu.	J'ai eu rendu.
Tu as eu *id.*	Tu as eu *id.*	Tu as eu *id.*	Tu as eu *id.*
Il a eu *id.*	Il a eu *id.*	Il a eu *id.*	Il a eu *id.*
N. avons eu *id.*	N. avons eu *id.*	N. avons eu *id.*	N. avons eu *id.*
V. avez eu *id.*	V. avez eu *id.*	V. avez eu *id.*	V. avez eu *id.*
Ils ont eu *id.*	Ils ont eu *id.*	Ils ont eu *id.*	Ils ont eu *id.*

PASSÉ ANTÉRIEUR DÉFINI.

On vint lorsque

J'eus chanté.	J'eus fini.	J'eus pourvu.	J'eus rendu.
Tu eus *id.*	Tu eus *id.*	Tu eus *id.*	Tu eus *id.*
Il eut *id.*	Il eut *id.*	Il eut *id.*	Il eut *id.*
N. eûmes *id.*	N. eûmes *id.*	N. eûmes *id.*	N. eûmes *id.*
V. eûtes *id.*	V. eûtes *id.*	V. eûtes *id.*	V. eûtes *id.*
Ils eurent *id.*	Ils eurent *id.*	Ils eurent *id.*	Ils eurent *id.*

PLUS-QUE-PARFAIT.

Quand on vint.

1re conjugaison.	2e conjugaison.	3e conjugaison.	4e conjugaison.
J'avais chanté.	J'avais fini.	J'avais pourvu.	J'avais rendu.
Tu avais *id.*	Tu avais *id.*	Tu avais *id.*	Tu avais *id.*
Il avait *id.*	Il avait *id.*	Il avait *id.*	Il avait *id.*
N. avions *id.*	N. avions *id.*	N. avions *id.*	N. avions *id.*
V. aviez *id.*	V. aviez *id.*	V. aviez *id.*	V. aviez *id.*
Ils avaient *id.*	Ils avaient *id.*	Ils avaient *id.*	Ils avaient *id.*

* 2e PASSÉ PLUS-QUE-PARFAIT.

A peine

1re conjugaison.	2e conjugaison.	3e conjugaison.	4e conjugaison.
J'avais eu chanté.	J'avais eu fini.	J'avais eu pourvu.	J'avais eu rendu
Tu avais eu *id.*	Tu avais eu *id.*	Tu avais eu *id.*	Tu avais eu *id.*
Il avait eu *id.*	Il avait eu *id.*	Il avait eu *id.*	Il avait eu *id.*
N. avions eu *id.*	N. avions eu *id.*	N. avions eu *id.*	N. avions eu *id.*
V. aviez eu *id.*	V. aviez eu *id.*	V. aviez eu *id.*	V. aviez eu *id.*
Ils avaient eu *id.*	Ils avaient eu *id.*	Ils avaient eu *id.*	Ils avaient eu *id.*

que l'on arriva.

FUTUR ABSOLU.

Demain

1re conjugaison.	2e conjugaison.	3e conjugaison.	4e conjugaison.
Je chante *rai.*	Je fini *rai.*	Je pourvoi *rai.*	Je rend *rai.*
Tu chante *ras.*	Tu fini *ras.*	Tu pourvoi *ras.*	Tu rend *ras.*
Il chante *ra.*	Il fini *ra.*	Il pourvoi *ra.*	Il rend *ra.*
N. chante *rons.*	N. fini *rons.*	N. pourvoi *rons.*	N. rend *rons.*
V. chante *rez.*	V. fini *rez.*	V. pourvoi *rez.*	V. rend *rez.*
Ils chante *ront.*	Ils fini *ront.*	Ils pourvoi *ront.*	Ils rend *ront.*

1er FUTUR ANTÉRIEUR.

Je partirai lorsque

1re conjugaison.	2e conjugaison.	3e conjugaison.	4e conjugaison.
J'aurai chanté.	J'aurai fini.	J'aurai pourvu.	J'aurai rendu.
Tu auras *id.*	Tu auras *id.*	Tu auras pourvu.	Tu auras rendu.
Il aura *id.*	Il aura *id.*	Il aura pourvu.	Il aura rendu.
N. aurons *id.*	N. aurons *id.*	N. aurons pourvu.	N. aurons rendu.
V. aurez *id.*	V. aurez *id.*	V. aurez pourvu.	V. aurez rendu.
Ils auront *id.*	Ils auront *id.*	Ils auront pourvu.	Ils auront rendu.

* 2e FUTUR ANTÉRIEUR.

Je partirai aussitôt que

1re conjugaison.	2e conjugaison.	3e conjugaison.	4e conjugaison.
J'aurai eu chanté.	J'aurai eu fini.	J'aurai eu pourvu.	J'aurai eu rendu.
Tu auras eu *id.*	Tu auras eu *id.*	Tu auras eu *id.*	Tu auras eu *id.*
Il aura eu *id.*	Il aura eu *id.*	Il aura eu *id.*	Il aura eu *id.*
N. aurons eu *id.*	N. aurons eu *id.*	N. aurons eu *id.*	N. aurons eu *id.*
V. aurez eu *id.*	V. aurez eu *id.*	V. aurez eu *id.*	V. aurez eu *id.*
Ils auront eu *id.*	Ils auront eu *id.*	Ils auront eu *id.*	Ils auront eu *id.*

III. CONDITIONNEL.

PRÉSENT.

Si je pouvais

1re conjugaison.	2e conjugaison.	3e conjugaison.	4e conjugaison.
Je chante *rais.*	Je fini *rais.*	Je pourvoi *rais.*	Je rend *rais.*
Tu chante *rais.*	Tu fini *rait.*	Tu pourvoi *rais.*	Tu rend *rais.*
Il chante *rait.*	Il fini *rait.*	Il pourvoi *rait.*	Il rend *rait.*
N. chante *rions.*	N. fini *rions.*	N. pourvoi *rions.*	N. rend *rions*
V. chante *riez.*	V. fini *riez.*	V. pourvoi *riez,*	V. rend *riez.*
Ils chante *raient.*	Ils fini *raient.*	Ils pourvoi *raient.*	Ils rend *raient.*

1re conjugaison.		2e conjugaison.		3e conjugaison.		4e conjugaison.	

1er PASSÉ.

Si j'avais pu,

J'aurais	chanté.	J'aurais	fini.	J'aurais	pourvu.	J'aurais	rendu.
Tu aurais	*id.*	Tu aurais	*id.*	Tu aurais	*id.*	Tu aurais	*id.*
Il aurait	*id.*	Il aurait	*id.*	Il aurait	*id.*	Il aurait	*id.*
N. aurions	*id.*	N. aurions	*id.*	N. aurions	*id.*	N. aurions	*id.*
V. auriez	*id.*	V. auriez	*id.*	V. auriez	*id.*	V. auriez	*id.*
Ils auraient	*id.*	Ils auraient	*id.*	Ils auraient	*id.*	Ils auraient	*id.*

2e PASSÉ.

Si j'avais pu,

J'eusse	chanté.	J'eusse	fini.	J'eusse	pourvu.	J'eusse	rendu.
Tu eusses	*id.*	Tu eusses	*id.*	Tu eusse	*id.*	Tu eusses	*id.*
Il eût	*id.*	Il eût	*id.*	Il eût	*id.*	Il eût	*id.*
N. eussions	*id.*	N. eussions	*id.*	N. eussions	*id.*	N. eussions	*id.*
V. eussiez	*id.*	V. eussiez	*id.*	V. eussiez	*id.*	V. eussiez	*id.*
Ils eussent	*id.*	Ils eussent	*id.*	Ils eussent	*id.*	Ils eussent	*id.*

IV. IMPÉRATIF.

PRÉSENT OU FUTUR.

Chant *e.*	Fini *s.*	Pourvo*i* *s.*	Rend *s.*
Chant *ons.*	Fin*is* *sons.*	Pourvo*y* *ons.*	Rend *ons.*
Chant *ez.*	Fin*is* *sez.*	Pourvo*y* *ez.*	Rend *ez.*

FUTUR ANTÉRIEUR.

Quand il arrivera,

Aie	chanté.	Aie	fini.	Aie	pourvu.	Aie	rendu.
Ayons	*id.*	Ayons	*id.*	Ayons	*id.*	Ayons	*id.*
Ayez	*id.*	Ayez	*id.*	Ayez	*id.*	Ayez	*id.*

V. SUBJONCTIF.

PRÉSENT OU FUTUR.

Il faut, il faudra

Que je chant *e.*	Que je fin*iss* *e.*	Que je pourvo*i* *e.*	Que je rend *e.*
Que tu chant *es.*	Que tu fin*iss* *es.*	Que tu pourvo*i* *es.*	Que tu rend *es.*
Qu'il chant *e.*	Qu'il fin*iss* *e.*	Qu'il pourvo*i* *e.*	Qu'il rend *e.*
Que n. chant *ions.*	Que n. fin*iss* *ions.*	Que n. pourvo*y* *ions.*	Que n. rend *ions.*
Que v. chant *iez.*	Que v. fin*iss* *iez.*	Que v. pourvo*y* *iez.*	Que v. rend *iez.*
Qu'ils chant *ent.*	Qu'ils fin*iss* *ent.*	Qu'ils pourvo*i* *ent.*	Qu'ils rend *ent.*

PASSÉ IMPARFAIT.

Il fallait

Que je chant *asse.*	Que je fin *isse.*	Que je pourv *usse.*	Que je rend *isse.*
Que tu chant *asses.*	Que tu fin *isses.*	Que tu pourv *usses.*	Que tu rend *isses.*
Qu'il chant *ât.*	Qu'il fin *ît.*	Qu'il pourv *ût.*	Qu'il rend *ît.*
Que n. chant *assions.*	Que n. fin *issions.*	Que n. pourv *ussions.*	Que n. rend *issions.*
Que v. chant *assiez.*	Que v. fin *issions.*	Que v. pourv *ussiez.*	Que v. rend *issiez.*
Qu'ils chant *assent.*	Qu'ils fin *issent.*	Qu'ils pourv *ussent.*	Qu'ils rend *issent.*

PASSÉ PARFAIT.

Il a fallu

Que j'aie	chanté.	Que j'aie	fini.	Que j'aie	pourvu.	Que j'aie	rendu.
Que tu aies	*id.*	Que tu aies	*id.*	Que tu aies	*id.*	Que tu aies	*id.*
Qu'il ait	*id.*	Qu'il ait	*id.*	Q'il ait	*id.*	Qu'il ait	*id.*
Que n. ayons	*id.*	Que n. ayons	*id.*	Que n. ayons	*id.*	Que n. ayons	*id.*
Que v. ayez	*id.*	Que v. ayez	*id.*	Que v. ayez	*id.*	Que v. ayez	*id.*
Qu'ils aient	*id.*	Qu'ils aient	*id.*	Qu'ils aient	*id.*	Qu'ils aient	*id.*

1re conjugaison.		2e conjugaison.		3e conjugaison.		4e conjugaison.	
PASSÉ PLUS-QUE-PARFAIT.							
Il aurait fallu							
Que j'eusse	chanté.	Que j'eusse	fini.	Que j'eusse	pourvu.	Que j'eusse	rendu.
Que tu eusses	*id.*	Que tu eusses	*id.*	Que tu eusses	*id.*	Que tu eusses	*id.*
Qu'il eût	*id.*	Qu'il eût	*id.*	Qu'il eût	*id.*	Qu'il eût	*id.*
Q. n. eussions	*id.*	Que n. eussions	*id.*	Q. n. eussions	*id.*	Q. n. eussions	*id.*
Que v. eussiez	*id.*	Que v. eussiez	*id.*	Que v. eussiez	*id.*	Que v. eussiez	*id.*
Qu'ils eussent	*id.*	Qu'ils eussent	*id.*	Qu'ils eussent	*id.*	Qu'ils eussent	*id.*

Les quatre temps marqués d'un * : le passé antérieur indéfini, le second plus-que-parfait et le second futur antérieur, et l'impératif futur antérieur, sont rarement employés. Le second passé du conditionnel est au contraire d'un emploi très-fréquent.

Dans le verbe *pourvoir*, l'*i* devient *y* devant les voyelles autres que l'*e* muet.

Exercice écrit. Conjuguer les quatre verbes suivants, avec compléments variés :

Chanter une chanson, un hymne, un opéra, la nature, les vertus, les combats.

Remplir une cruche, un verre, son devoir, etc.

Prévoir l'avenir, le bonheur, le malheur, un événement, etc.

Passé défini : je prévis; imparfait du subjonctif : que je prévisse.

Entendre un discours, un propos, bien, mal, parler, une langue, etc.

De la manière suivante :

J'entends un discours,	Nous entendons mal,
Tu entends un propos,	Vous entendez parler,
Il entend bien,	Ils entendent l'anglais.

et ainsi de suite, en variant les *compléments* autant que possible.

Questionnaire. Combien y a-t-il de conjugaisons en français? — Comment les distingue-t-on? — Quelle est celle qui contient le plus de verbes? — Conjuguez l'imparfait des quatre verbes? — Y a-t-il une différence dans les terminaisons? — Conjuguez de même les quatre futurs. — Conjuguez de même les conditionnels, les temps composés. — Y a-t-il une différence dans les terminaisons? — Conjuguez maintenant les quatre verbes au présent de l'indicatif, — au passé défini, — à l'impératif, — au présent et à l'imparfait du subjonctif. — Y a-t-il des différences? — Quels sont les temps qui se conjuguent de la même manière dans les quatre verbes? — Quels sont les temps qui se conjuguent différemment?

VI.

EMPLOI DES DEUX AUXILIAIRES.

106. — Les verbes que nous avons conjugués jusqu'ici forment leurs temps composés au moyen de l'auxiliaire *avoir*.

Quelques autres, en plus petit nombre, se servent des temps correspondants de l'auxiliaire *être*.

Les *verbes pronominaux* et quelques verbes *neutres* se conjuguent ainsi.

Le participe qui accompagne le verbe *être* prend le genre et le nombre du mot auquel il se rapporte.

Nous conjuguons ici deux de ces verbes.

I. INFINITIF

PRÉSENT.

Tomber.	Se repentir.

PASSÉ.

Être tombé.	S'être repenti.

PARTICIPES

PRÉSENT.

Tombant.	Se repentant.

PASSÉ ACTIF.

. . . .	S'étant repenti.

PASSÉ PASSIF.

Tombé, ée, étant tombé.	Repenti, ie.

II. INDICATIF

PRÉSENT.

Maintenant

Je tombe.	Je me repens.
Tu tombes.	Tu te repens.
Il tombe.	Il se repent.
Nous tombons.	Nous nous repentons.
Vous tombez.	Vous vous repentez.
Ils tombent.	Ils se repentent.

PASSÉ IMPARFAIT.

Quand on vint,

Je tombais, etc. | Je me repentais, etc.

PASSÉ DÉFINI.

Hier, l'an passé,

Je tombai, etc. | Je me repentis, etc.

PASSÉ INDÉFINI.

Ce matin *ou* à une époque quelconque,

Je suis tombé *ou* tombée.
Tu es tombé *ou* tombée.
Il est tombé *ou* elle est tombée.
Nous sommes tombés *ou* tombées.
Vous êtes tombés *ou* tombées.
Ils sont tombés
ou elles sont tombées.

Je me suis repenti *ou* repentie.
Tu t'es repenti *ou* repentie.
Il s'est repenti *ou* elle s'est repentie.
N. n. somm. repentis *ou* repenties.
V. v. êtes repentis *ou* repenties.
Ils se sont repentis
ou elles se sont repenties.

PASSÉ ANTÉRIEUR.

On vint lorsque

Je fus tombé *ou* tombée.
Tu fus tombé *ou* tombée.
Il fut tombé
ou elle fut tombée.
Nous fûmes tombés *ou* tombées.
Vous fûtes tombés *ou* tombées.
Ils furent tombés
ou elles furent tombées.

Je me fus repenti *ou* repentie.
Tu te fus repenti *ou* repentie.
Il se fut repenti
ou elle se fut repentie.
N. n. fûmes repentis *ou* repenties.
V. v. fûtes repentis *ou* repenties.
Ils se furent repentis
ou elles se furent repenties.

PASSÉ PLUS-QUE-PARFAIT.

Quand on vint,

J'étais tombé *ou* tombée.
Tu étais tombé *ou* tombée.
Il était tombé
ou elle était tombée.
Nous étions tombés *ou* tombées.
Vous étiez tombés *ou* tombées.
Ils étaient tombés
ou elles étaient tombées.

Je m'étais repenti *ou* repentie.
Tu t'étais repenti *ou* repentie.
Il s'était repenti
ou elle s'était repentie.
N. n. étions repentis *ou* repenties.
V. v. étiez repentis *ou* repenties.
Ils s'étaient repentis
ou elles s'étaient repenties.

FUTUR ABSOLU.

Demain

Je tomberai, etc. | Je me repentirai, etc.

FUTUR ANTÉRIEUR.

Quand cela arrivera,

Je serai tombé *ou* tombée.	Je me serai repenti *ou* repentie.
Tu seras tombé *ou* tombée.	Tu te seras repenti *ou* repentie.
Il sera tombé	Il se sera repenti
ou elle sera tombée.	*ou* elle se sera repentie.
Nous serons tombés *ou* tombées.	N. n. serons repentis *ou* repenties.
Vous serez tombés *ou* tombées.	V. v. serez repentis *ou* repenties.
Ils seront tombés	Ils se seront repentis
ou elles seront tombées.	*ou* elles se seront repenties.

III. CONDITIONNEL

PRÉSENT.

Si je pouvais,

Je tomberais, etc.	Je me repentirais, etc.

1er PASSÉ.

Si j'avais pu,

Je serais tombé *ou* tombée.	Je me serais repenti *ou* repentie.
Tu serais tombé *ou* tombée.	Tu te serais repenti *ou* repentie.
Il serait tombé	Il se serait repenti
ou elle serait tombée.	*ou* elle se serait repentie.
Nous serions tombés *ou* tombées.	N. n. serions repentis *ou* repenties.
Vous seriez tombés *ou* tombées.	V. v. seriez repentis *ou* repenties.
Ils seraient tombés	Ils se seraient repentis
ou elles seraient tombées.	*ou* elles se seraient repenties,

2e PASSÉ.

Si j'avais pu,

Je fusse tombé *ou* tombée.	Je me fusse repenti *ou* repentie.
Tu fusses tombé *ou* tombée.	Tu te fusses repenti *ou* repentie.
Il fût tombé	Il se fût repenti
ou elle fût tombée.	*ou* elle se fût repentie.
Nous fussions tombés *ou* tombées.	N. n. fussions repentis *ou* repenties.
Vous fussiez tombés *ou* tombées.	V. v. fussiez repentis *ou* repenties.
Ils fussent tombés	Ils se fussent repentis.
ou elles fussent tombées.	*ou* elles se fussent repenties.

IV. IMPÉRATIF.

PRESENT OU FUTUR.

Tombe.	Repens-toi.
Tombons.	Repentons-nous.
Tombez.	Repentez-vous.

FUTUR ANTÉRIEUR.

Quand cela arrivera,

Sois tombé *ou* tombée. . . . .
Soyons tombés *ou* tombées.
Soyez tombés *ou* tombées.

V. SUBJONCTIF

PRÉSENT OU FUTUR.

Il faut, il faudra

Que je tombe, etc. Que je me repente, etc.

PASSÉ IMPARFAIT.

Il fallait

Que je tombasse, etc. Que je me repentisse, etc.

PASSÉ PARFAIT.

Il a fallu

Que je sois tombé *ou* tombée.
Que tu sois tombé *ou* tombée.
Qu'il soit tombé
ou qu'elle soit tombée.
Que n. soyons tombés *ou* tombées.
Que vous soyez tombés *ou* tombées.
Qu'ils soient tombés
ou qu'elles soient tombées.

Que je me sois repenti *ou* repentie.
Que tu te sois repenti *ou* repentie.
Qu'il se soit repenti
ou qu'elle se soit repentie.
Que n. n. soyons repentis *ou* repenties.
Que v. v. soyez repentis *ou* repenties.
Qu'ils se soient repentis
ou qu'elles se soient repenties.

PASSÉ PLUS-QUE-PARFAIT.

Il aurait fallu

Que je fusse tombé *ou* tombée.
Que tu fusses tombé *ou* tombée.
Qu'il fût tombé
ou qu'elle fût tombée.
Que n. fussions tombés *ou* tombées.
Que v. fussiez tombés *ou* tombées.
Qu'ils fussent tombés
ou qu'elles fussent tombées.

Que je me fusse repenti *ou* repentie.
Que tu te fusses repenti *ou* repentie.
Qu'il se fût repenti
ou qu'elle se fût repentie.
Que n. n. fussions repentis *ou* repenties.
Que v. v. fussiez repentis *ou* repenties.
Qu'ils se fussent repentis
ou qu'elles se fussent repenties.

EXERCICE. — Conjuguez de même avec compléments variés :
Arriver à la ville, à la campagne, à Paris, à Pétersbourg, etc.
S'éloigner de son pays, de sa ville, de ses amis, etc.

VERBES PASSIFS.

107. — Ces verbes n'ont pas de conjugaison spéciale.

On les conjugue en ajoutant un participe passé à tous les temps du verbe *être*. Le participe s'accorde.

I. INFINITIF

PRÉSENT.

Être aimé ou aimée.

PASSÉ.

Avoir été aimé ou aimée.

FUTUR.

Devant être aimé ou aimée.

PARTICIPES

PRÉSENT.

Étant aimé ou aimée.

PARTICIPE PASSÉ.

Aimé, aimée, ayant été aimé ou aimée.

II. INDICATIF

PRÉSENT.

Je suis aimé ou aimée, etc.

PASSÉ IMPARFAIT.

J'étais aimé ou aimée, etc.

PASSÉ DÉFINI.

Je fus aimé ou aimée, etc.

PASSÉ INDÉFINI.

J'ai été aimé ou aimée, etc.

PASSÉ ANTÉRIEUR.

J'eus été aimé ou aimée, etc.

PLUS-QUE-PARFAIT.

J'avais été aimé ou aimée, etc.

FUTUR.

Je serai aimé ou aimée, etc.

FUTUR ANTÉRIEUR.

J'aurai été aimé ou aimée, etc.

III. CONDITIONNEL

PRÉSENT.

Je serais aimé ou aimée, etc.

1er CONDITIONNEL PASSÉ.

J'aurais été aimé ou aimée, etc.

2e CONDITIONNEL PASSÉ.

J'eusse été aimé ou aimée, etc.

IV. IMPÉRATIF.

Sois aimé ou aimée, etc.

V. SUBJONCTIF

PRÉSENT.

Que je sois aimé ou aimée, etc.

IMPARFAIT.

Que je fusse aimé ou aimée, etc.

PARFAIT.

Que j'aie été aimé ou aimée, etc.

PLUS-QUE-PARFAIT.

Que je fusse aimé ou aimée, etc.

VERBES IMPERSONNELS.

108. — Ces verbes, qui n'ont que la troisième personne du singulier, se conjuguent, les uns, avec *avoir* et les autres, avec *être*.

Le verbe *résulter* que nous conjuguerons ici avec l'auxiliaire *être*, se conjugue aussi avec *avoir*.

I. INFINITIF

PRÉSENT.

Falloir.	Résulter.

	PASSÉ.	
Avoir fallu		Être résulté.

PARTICIPES

	PRÉSENT.	
. . . . . .		Résultant.
	PASSÉ.	
Fallu.		Résulté.

II. INDICATIF

	PRÉSENT.	
Il faut.		Il résulte.
	IMPARFAIT.	
Il fallait.		Il résultait.
	PASSÉ DÉFINI.	
Il fallut.		Il résulta.
	PASSÉ INDÉFINI.	
Il a fallu.		Il est résulté.
	PASSÉ ANTÉRIEUR.	
Il eut fallu.		Il fut résulté.
	PLUS-QUE-PARFAIT.	
Il avait fallu.		Il était résulté.
	FUTUR.	
Il faudra.		Il résultera.
	FUTUR ANTÉRIEUR.	
Il aura fallu.		Il sera résulté.

III. CONDITIONNEL

	PRÉSENT.	
Il faudrait.		Il résulterait.
	1er PASSÉ.	
Il aurait fallu.		Il serait résulté.
	2e PASSÉ.	
Il eût fallu.		Il fût résulté.

Pas d'impératif.

V. SUBJONCTIF

	PRÉSENT.	
Qu'il faille.		Qu'il résulte.

IMPARFAIT.

Qu'il fallût.	Qu'il résultât.

PARFAIT.

Qu'il ait fallu.	Qu'il soit résulté.

PLUS-QUE-PARFAIT.

Qu'il eût fallu.	Qu'il fût résulté.

QUESTIONNAIRE. — Quel est celui des deux auxiliaires qu'on emploie le plus souvent? — Dans quels verbes emploie-t-on l'auxiliaire *être*? — Quand on emploie l'auxiliaire *avoir*, le participe prend-il le genre et le nombre du sujet? — Et lorsqu'on emploie l'auxiliaire *être*? — Conjuguez le verbe *tomber*, au passé indéfini, au futur antérieur, etc. — Conjuguez le verbe *se flatter*, au plus-que-parfait de l'indicatif, du subjonctif, etc. — Comment conjugue-t-on les verbes passifs? — Et les verbes impersonnels? — Conjuguez le passé indéfini de *falloir*, de *résulter*, etc.

EXERCICE. — Le récit suivant a pour but de montrer simultanément l'emploi des deux auxiliaires.

Nous laissons l'auxiliaire en blanc ; les élèves le mettront.

LE CHEVAL ET L'ANE[1].

Un cheval et un âne marchaient côte à côte : le cheval ne portait rien ; l'âne était démesurément chargé.

« Ami cheval, dit l'âne, l'autre jour tu *tomber*[2], j' *prendre*[2] ta charge et tu *revenir*[2] dispos à l'écurie. Rends-moi un service analogue à celui que je t' *rendre*[2]. N'attends pas que je.... tombé[3] pour me soulager un peu. Prends une part de ma charge, la plus forte que j'... jamais portée[3]. Ce sera peu pour toi, mais ce sera beaucoup pour moi.

— Non, dit le cheval, si tu.... tombé[4] comme moi l'autre jour ; si tu.... succombé[4] sous le poids, je ne te refuserais pas ; mais tu n'[5].... pas malade, tu[5].... de bonnes jambes, risque-toi.

— Mon bon petit cheval ! je ne peux plus faire un pas, je t'assure.

— Tu attendis bien l'autre jour, avant de me venir en aide,

1. Tiré d'une fable de La Fontaine. — 2. Passé indéfini. — 3. Passé du subjonctif. — 4. Plus-que-parfait de l'indicatif. — 5. Présent de l'indicatif.

que je .... tombé[1] et que j'.... déclaré[1] que je ne me releverais pas si tu ne me soulageais.

— Mais on m'.... déjà mis[2] double charge, tandis que tu ne portes rien.

— Eh bien! écoute : j'ai pitié de toi. Quand tu... atteint[3] le sommet de la montagne, quand tu.... parvenu[3] auprès de ce gros chêne que tu vois là haut, nous partagerons la charge.

— Tu veux donc attendre que je.... mort[5]? Avant que j'.... atteint[5] cette hauteur, j'expirerai sous le fardeau, sois-en sûr.

— Bah! est-ce qu'on meurt de fatigue? »

Et là-dessus, le cheval se prit à bondir et à caracoler. Après.... fait[4] bien des sauts et s'.... bien diverti[4], il revint auprès de son camarade. Hélas! le pauvre âne s'.... abattu[6]. On le déchargea en toute hâte, mais déjà il se mourait.

« Si tu te.... attendri[6], si tu.... pris[6] ma charge un peu plus tôt, lui dit la pauvre bête, tu m'... sauvé[7] la vie. Tu ne l'as pas voulu; maintenant tu porteras ma charge entière, et ma peau par dessus le marché. »

Le cheval fut surchargé comme l'âne le lui avait prédit. Il se repentit d'avoir laissé mourir son camarade, mais il n'était plus temps.

1. Plus-que-parfait du subjonctif. — 2. Passé indéfini. — 3. Futur antérieur. — 4. Infinitif passé. — 5. Passé du subjonctif. — 6. Plus-que-parfait de l'indicatif. — 7. Conditionnel passé.

CHAPITRE VI.

PROPOSITIONS.

I.

SUJET, VERBE, ATTRIBUT, COMPLÉMENTS.

LA RAISON DU PLUS FORT.

Un moineau prit une mouche qui s'était posée sur un buisson. La mouche se lamentait : « Laisse-moi la vie, lui dit-elle. — Non, répond l'oiseau, tu m'appartiens parce que je suis grand et que tu es petite. »

Pendant que le moineau la mange, vient un épervier. Notre moineau veut fuir, mais l'épervier fond sur lui. « Grâce, lui dit le moineau, tu sais bien que je ne t'ai jamais fait de mal; rends-moi la liberté. — Non, répond l'épervier, tu m'appartiens parce que je suis grand et que tu es petit. »

Un aigle, qui du haut des airs aperçoit l'épervier, tombe sur lui et lui brise l'échine. « Seigneur, vous me mettez en pièces ; lâchez-moi, lui dit l'épervier. — Non, dit l'aigle, tu m'appartiens parce que je suis grand et que tu es petit. »

L'aigle n'avait pas fini son repas qu'une flèche vole et l'atteint à la poitrine : « Tyran, cria l'aigle au chasseur, pourquoi me donnes-tu la mort? — N'es-tu pas à moi, dit le chasseur, puisque si je ne suis pas le plus fort, je suis au moins le plus habile? »

Ceci se passait en Afrique. Un lion épiait le chasseur. Il n'avait pas mangé depuis trois jours, et la chair de l'homme était pour lui un mets bien attrayant. Le lion s'élance sur lui au moment où il passe au bord de la forêt et le terrasse. « Ne me tue pas, dit l'homme au lion. — J'ai faim, répond l'animal, et tu m'appartiens car je suis fort et tu es faible ; je suis grand et tu es petit. »

Personne n'est en sécurité sous le régime de la force.

1.

109. — Un moineau *prit* une mouche qui s'*était posée* sur un buisson.

Il y a ici deux verbes à un mode personnel (74) : *prit*, *s'était posée*. — Il y a aussi deux parties de phrase nettement séparées, deux affirmations distinctes.

Le verbe est le mot principal : autour de lui se groupent tous les autres mots, sujet et compléments, de manière à former un tout complet.

> Un moineau — prit — une mouche
> Qui — s'était posée — sur un buisson.

Partout où il y a un verbe à un mode personnel, il y a une chose affirmée, et il y a un groupe de mots.

Ces mots groupés autour d'un verbe, de manière à présenter une idée complète, forment ce qu'on appelle une PROPOSITION.

> La mouche se lamentait : — Laisse-moi la vie, — lui dit-elle. — Non, répond le moineau, — tu m'appartiens parce que je suis grand — et que tu es petite.

Il y a dans ces lignes sept verbes et sept parties de phrase complètes, — sept propositions.

110. — Une *proposition* est donc une affirmation composée d'un verbe à un mode personnel avec son sujet et ses compléments.

111. — Remarquons cette phrase :

> Un aigle, qui du haut des airs aperçoit l'épervier, tombe sur lui.

Il y a ici deux verbes au présent de l'indicatif, et par conséquent deux propositions. Celle-ci :

Qui du haut des airs aperçoit l'épervier,

est complète, puisqu'elle a son sujet, son verbe et ses compléments. Mais l'autre ne sera complète qu'autant qu'on la disposera ainsi :

Un aigle.... tombe sur lui.

On voit qu'une des propositions est enclavée dans l'autre.

Cela arrive toutes les fois qu'il y a un *pronom conjonctif* se rapportant au sujet.

112. — Parce que je suis grand.

Ici le verbe est *suis*, le sujet *je*. Quant à *grand*, ce mot désigne la qualité qu'on attribue à *je*. C'est l'ATTRIBUT de *je*.

Et que tu es petite :

Le sujet est *tu*, le verbe *es*; *petite* est la qualité qu'on attribue à *tu*, c'est l'*attribut* de *tu*.

La chair de l'homme était pour lui un mets bien attrayant.

Ici le verbe est *était*, le sujet *la chair de l'homme*. Qu'*attribue*-t-on à la chair de l'homme ? D'être *un mets bien attrayant*. Ces mots sont donc l'attribut de *la chair de l'homme*.

113. Ainsi, voilà plusieurs propositions dans lesquelles nous rencontrons un *sujet*, un *verbe* et un *attribut*. Ces trois parties existent, en effet, dans toutes les propositions. Dans toutes, on affirme qu'une qualité, une manière d'être, marquée par un attribut, appartient au sujet. Mais l'attribut est souvent dissimulé et perdu dans le verbe.

Nous avons déjà remarqué (77) qu'*aimer* c'est *être ai-*

mant; marcher, c'est *être marchant*. Par conséquent, lorsque l'on dit :

Un moineau prit une mouche.

C'est comme si l'on disait :

Un moineau fut dans la situation de prendre, fut *prenant* une mouche.

Ici on affirme que la situation d'*être prenant une mouche* a appartenu au moineau ; donc *prenant* est l'attribut de la proposition.

La mouche se lamente.

La mouche *est se lamentant*. *Se lamentant* sera l'attribut du sujet *mouche*.

Ainsi l'attribut peut être : 1° un *nom*, 2° un *pronom*, 3° un *infinitif*, 4° un *adjectif*, 5° un *participe;* enfin, 6° le *verbe* est souvent combiné avec l'*attribut*.

2.

114. — Une proposition se compose, comme on voit, de trois parties essentielles : le *sujet*, le *verbe* et l'*attribut*.

Puis il y a des parties secondaires, qui manquent quelquefois tout à fait, ou qui sont plus ou moins nombreuses.

Ce sont les mots qui développent, qui *complètent* le sujet ou l'attribut par des explications.

On donne à ces mots le nom général de COMPLÉMENTS.

Il y a plusieurs sortes de compléments.

115. — Le *complément direct* ou *objet* (80), se rattache au verbe sans préposition.

Ce complément direct peut être :

1° un *nom*.

Un moineau prit *une mouche*.

2° Ou un *pronom :*

Pendant que le moineau *la* mange.

3° Ou un verbe à l'*infinitif :*

Maître moineau veut *fuir*.

4° Une *négation*, une *affirmation*, une *exclamation*, équivalant à une *proposition non exprimée :*

Non, répond l'oiseau.

C'est-à-dire — l'oiseau répond : *non*.

Grâce! lui dit le moineau.

C'est-à-dire — le moineau lui dit : *grâce*, ou *fais-moi grâce*.

5° Une *proposition entière :*

Tu sais bien *que je ne t'ai pas fait de mal*.

Tu sais bien *quoi? — Que je ne t'ai pas fait de mal*.

116. — Le *complément indirect* se relie au verbe à l'aide d'une préposition.

Ce complément peut être, comme le direct :

1° Un nom : Vous me mettez *en pièces*.

2° Un pronom : L'épervier fond *sur lui*.

3° Un infinitif : Vous aimez *à jouer*.

117. — Après la préposition *en*, ce n'est pas l'infinitif que l'on emploie, c'est le participe présent.

Denys déchu se console *en grondant*.

C'est comme si l'on disait : Il s'amuse *à gronder*.

A raconter ses maux souvent on les soulage,

dit Corneille. Il aurait pu écrire avec le même sens :

En racontant ses maux souvent on les soulage.

En racontant, *en grondant*, ne qualifient aucun mot. Ce ne sont donc pas en réalité des participes présents, mais des formes de l'infinitif. Ce sont par conséquent des compléments indirects.

118. — En principe, le complément direct a pour caractère de n'être précédé d'aucune préposition, — et le complément indirect d'être toujours précédé de quelqu'une.

Il est des cas où c'est le contraire qui a lieu :

Elle poussait *des cris*.

Je bois *de bon vin.*

Je ne vous raconterai pas *d'histoire.*

Les mots *des cris*, *de bon vin*, *d'histoire*, sont des compléments directs malgré la préposition *de.*

Dans cette phrase, au contraire.

Laissez-*moi* la vie, *lui* dit-elle.

Moi et *lui* sont des compléments indirects, bien que ces mots ne soient précédés d'aucune préposition :

119. — Pour savoir si un mot est complément direct ou indirect, tournez le verbe par le passif.

Le complément direct pourra devenir le sujet du verbe passif sans que le sens en souffre (79) ; le complément indirect ne le pourra pas.

Des cris étaient poussés par elle.

De bon vin est bu par moi.

Une histoire ne vous sera pas racontée par moi.

Si les phrases sont moins élégantes, le sens du moins n'est pas changé.

Mais on ne trouve aucun sens si l'on essaye de faire de *moi* le sujet de *est laissé ;* de *lui* le sujet de *est dit.*

Ces mots sont donc des compléments *indirects.*

En effet : « Laissez-moi » veut dire « laissez *à moi* » — « lui dit-elle, » c'est-à-dire « elle dit *à lui.* »

La préposition est dans l'idée, si elle n'est pas dans les mots.

C'est le contraire dans les autres phrases :

Elle poussait *plusieurs* cris ; je bois *quelque* bon vin.

Je ne vous raconterai *aucune* histoire.

Ici la préposition est dans les mots, mais elle n'est pas dans l'idée.

C'est toujours le sens qu'il faut consulter.

120. — Le complément direct diffère donc entièrement

par le sens du complément indirect. Aussi lui a-t-on donné un nom spécial : *l'objet,* en opposition avec le *sujet.*

121. — Le verbe seul peut avoir un complément *direct;* tandis que le complément *indirect* peut dépendre :

1° et 2° d'un verbe ou d'un participe :

Un moineau prit *une mouche;* ayant pris *une mouche.*

3° d'un nom :

La chair *de l'homme;* l'homme *aux rubans verts.*

4° d'un pronom :

Ce livre est celui *de votre frère.*

5° d'un adjectif :

La chair de l'homme était un mets bien *attrayant pour lui.*

6° d'un adverbe :

J'ai agi conformément *à vos intentions.* Tant *de personnes* sont venues !

122. — Lorsque le complément indirect exprime des circonstances de temps, de lieu, de manière, de motifs, etc., on l'appelle complément *circonstanciel.*

Un aigle, qui — du haut des airs, — aperçoit l'épervier....

Un jour d'été, — par un grand soleil, — des chevaux traînaient une voiture — dans un chemin sablonneux.

Ces mots : *du haut des airs, un jour d'été, par un grand soleil, dans un chemin sablonneux,* forment des compléments circonstanciels.

123. — On considère encore comme *compléments du sujet :*

1° Les *adjectifs* et les *participes* qui le qualifient.

2° Les *propositions* qui en dépendent.

Ainsi, dans cette phrase :

L'aigle, *qui du haut des airs aperçoit l'épervier,* fond sur lui.

La proposition *qui — du haut des airs — aperçoit l'épervier* est un *complément* du sujet *l'aigle.*

On considère également comme *compléments de l'attribut:*

1° Les *adverbes* qui le modifient.

2° Les *propositions* qui en dépendent.

Il arrive souvent que les *compléments ont des compléments* eux-mêmes.

Un moineau prit une mouche *qui s'était posée sur un buisson.*

La proposition *qui s'était posée sur un buisson* est un complément explicatif du complément direct *mouche.*

QUESTIONNAIRE. Qu'est-ce qu'une proposition? — Combien y a-t-il de propositions dans une phrase? — Deux propositions ne sont-elles pas souvent enfermées, *enclavées* l'une dans l'autre? — Qu'appelle-t-on *attribut* d'une proposition? — Quelles sont les trois parties essentielles d'une proposition? — L'attribut n'est-il pas souvent engagé dans le verbe? — Comment appelle-t-on les parties complémentaires d'une proposition? — Combien de sortes de compléments? — Quels sont les mots qui peuvent être sujets? — compléments directs? — Comment reconnaît-on un complément direct? — La préposition *de* empêche-t-elle toujours un complément d'être direct? — Le complément direct n'a-t-il pas un autre nom, opposé à *sujet*? — Qu'est-ce qui caractérise le complément indirect? — Y a-t-il une préposition devant tous les compléments indirects en français? — Quels sont les mots qui peuvent être compléments indirects? — Peut-on mettre l'infinitif après toutes les prépositions? — Quelle est la fonction dans une phrase de *en*, suivi d'un participe présent? — Quels sont les mots qui peuvent recevoir des compléments indirects? — Donnez-en des exemples. — Qu'appelle-t-on compléments circonstanciels? — Que considère-t-on encore comme compléments du sujet et de l'attribut? — Les compléments peuvent-ils avoir eux-mêmes des compléments?

EXERCICE. Divisez la fable *la Raison du plus fort*, en propositions, et indiquez dans chacune le *sujet*, le *verbe* et *l'attribut* avec leurs divers *compléments.*

Appendice.

DÉCLINAISON.

LA PIE.

« Toi qui chantes si bien, disait un jour une pie à un pinson, tu devrais bien m'apprendre tes chansons. Je les retiendrai bien, je te l'assure, et ton élève te fera honneur. — Tu te flattes singulièrement, commère, dit le pinson; tu es un de ces êtres dont l'éducation ne fera jamais rien et auxquels il est inutile d'enseigner quoi que ce soit. Je me donnerais une peine inutile si j'essayais de t'instruire. — Pourquoi donc? lui demanda la pie. — Parce que, pour s'instruire, il faut écouter, et que les bavards comme toi, n'écoutent pas. Pendant qu'on leur parle, ils pensent à ce qu'ils vont dire et n'entendent pas un mot de ce qu'on leur dit. »

124. — Le sujet, l'objet ou complément direct, et le complément indirect, ont quelquefois des formes particulières qui les font reconnaître.

Tu te flattes.... *lui* demanda la pie.... *je me* donnerais une peine inutile.

Tu, *je*, sont les formes particulières du sujet. *Tu*, au complément direct, devient *te* : « tu *te* flattes. » *Je*, au complément indirect, devient *me* : « je *me* donnerais une peine inutile. » *Lui* est également un complément ; on dirait *il* si ce mot était sujet.

125.—Ces différentes formes que prennent les mots d'après leur fonction dans la phrase comme sujets ou compléments, — ont reçu le nom de *cas*, et la suite des divers cas d'un mot s'appelle sa *déclinaison*.

126. — Le cas qui sert pour le *sujet* est le *nominatif* : je, tu.

Le cas qui sert pour l'*objet*, ou complément direct, est l'*accusatif* : te.

Le cas qui sert pour le *complément indirect* marqué par *à* est le *datif* (à moi, à elle ou à lui) : me, lui.

Le cas qui sert pour le *complément indirect* marqué par *de* est le *génitif* : dont.

Le cas qui sert quand on adresse la parole à quelqu'un est le *vocatif* : toi.

127. — Les noms ont des cas dans toutes les langues de l'Europe, si l'on en excepte le français, l'italien, l'espagnol et le portugais.

L'ancien français en possédait lui-même deux, un pour le sujet ou nominatif, et l'autre pour l'*objet* ou accusatif. Ainsi, au lieu de dire :

Le larron rencontra un autre larron.

On disait :

Li lerre rencontra un autre *larron*.

L'article et quelques pronoms sont maintenant les seuls mots qui se déclinent.

128. — Déclinaison de l'article *le*, *la*, *les*.

	SINGULIER.		PLURIEL.
	Masculin.	Féminin.	des deux genres.
Nominatif.	le, *le* livre,	la, *la* table	des *les* livres, *les* tables.
Génitif.	du, *du* livre,	de la, *de la* table	des *des* livres, *des* tables.
Datif.	au, *au* livre,	à la, *à la* table	aux *aux* livres, *aux* tables.
Accusatif.	le, *le* livre,	la, *la* table	les *les* livres, *les* tables.

Pas de vocatif.

129. — Déclinaison des pronoms personnels.

1re PERSONNE.

Singulier.

Nominatif.	Je, moi,	Que sais-*je*, *moi*?
Génitif.	de moi,	Souvenez-vous *de moi*.
Datif.	me, à moi,	Eh que *me* font, *à moi*, ces vains titres de gloire?
Accusatif.	me, moi,	Il *me* hait, *moi*, qui n'ai pas cessé de l'aimer !

Pluriel.

Nominatif.	Nous,	*Nous* sommes tous sujets à la mort.
Génitif.	de nous,	Vous souviendrez-vous *de nous*?
Datif.	nous, à nous,	Eh que *nous* font, *à nous*, tous ces vains bavardages ?
Accusatif.	nous.	Il *nous* a rendus heureux tant qu'il a vécu.

Ce mot n'a pas de vocatif, non plus que les pronoms de la 3e personne

2e PERSONNE.

Singulier.

Nominatif.	Tu, toi,	Eh bien qu'en penses-*tu*, *toi*, de ces beaux discours?
Génitif.	de toi,	Il se souvient *de toi*.
Datif.	te, à toi,	Il *te* dira *à toi*-même ce qu'il en pense.
Accusatif.	te, toi,	Dieu *te* récompensera, *toi* et les tiens.
Vocatif.	toi,	O *toi* qui gouvernes le monde !...

Pluriel.

Nominatif.	Vous,	Voulez-*vous* qu'on vous aime?
Génitif.	de vous,	Je me souviendrai *de vous*.
Datif.	vous, à vous,	Je *vous* le dis, prenez garde *à vous*.
Accusatif.	vous,	Je *vous* vois prête à pleurer,
Vocatif.	vous,	*Vous*, que j'ai vue rire il n'y a qu'un instant.

3e PERSONNE.

Singulier.

	Masculin	Féminin.	
Nom.	Il, lui,	elle,	*Il* me l'a dit *lui*-même ; *elle* me l'a dit *elle*-même.
Gén.	de lui, en,	d'elle, en,	Il se souvient *de lui;* il se souvient *d'elle;* il *s'en* souvient.
Dat.	lui, à lui, y,	lui, à elle, y,	Il le *lui* dit *à lui*-même ; il le *lui* dit *à elle*-même. Cet homme est trompeur, cette femme est trompeuse ; ne vous *y* fiez pas.
Acc.	le, lui,	la, elle,	Je *le* connais, *lui* ; mais *elle*, je ne *la* connais pas.

Pluriel.

	Masculin.	Féminin.	
Nom.	Ils, eux,	elles,	S'*ils* sont satisfaits, *eux*, *elles* ne le sont pas, *elles.*
Gén.	d'eux, en,	d'elles, en,	On se souviendra *d'eux;* on se souviendra *d'elles;* on s'*en* souviendra.
Dat.	leur, à eux, y,	leur, à elles, y,	Je le *leur* ai dit, *à eux* et *à elles*, ces physionomies ne me présagent rien de bon ; ne vous *y* fiez pas.
Acc.	les, eux,	les, elles.	Je *les* ai vus *eux*-mêmes ; je *les* ai vues *elles*-mêmes.

Pronom réfléchi, 3e PERSONNE.

Gén.	de soi	Chacun pense du bien *de soi.* La prudence est bonne *de soi.*
Dat.	se, à soi,	On *se* nuit *à soi*-même en nuisant aux autres.
Acc.	se, soi.	On *se* juge mal soi-meme.

Soi, *se*, servent pour les deux genres et les deux nombres.

130. — Déclinaison du pronom conjonctif.

Nom.	Qui,	Celui *qui* fait le bien en sera récompensé; celle *qui* fait le bien en sera récompensée.
Gén.	dont, de qui,	C'est celui ou celle *dont* vous parlez.
Dat.	où, à qui,	C'est le bonheur *où* j'aspire. Vous, *à qui* je m'adresse, ne me rebutez pas.
Acc.	que.	C'est lui, c'est elle, ce sont eux *que* je veux voir.

131. — D'autres pronoms, dans lesquels entre l'article, se déclinent comme lui. Exemples :

Singulier.

N. lequel, laquelle,	le mien, la mienne,	le tien, la tienne,
G. duquel, de laquelle,	du mien, de la mienne,	du tien, de la tienne,
D. auquel, à laquelle,	au mien, à la mienne,	au tien, à la tienne,
A. lequel, laquelle,	le mien, la mienne,	le tien, la tienne, etc.

QUESTIONNAIRE. Le sujet, l'objet, le complément indirect n'ont-ils pas quelquefois des formes particulières? — Comment appelle-t-on ces formes? — Et l'ensemble des cas? — Quels sont les mots français qui se déclinent? — Que désigne le nominatif? — le génitif? — le datif? — l'accusatif? — le vocatif? — Quel est le génitif singulier de l'article *le?* — le génitif pluriel? — Le datif singulier? — le datif pluriel? — Quel est le nominatif du pronom de la première personne au singulier? — au pluriel? — Donnez-en des exemples dans une phrase. — Quel est le génitif singulier? — pluriel? — Donnez des exemples ; et ainsi de suite pour tous les pronoms. — Qu'est-ce que c'est que *en*, *y*, *leur*, *dont*, *où?* — Donnez des exemples de l'emploi de ces mots.

EXERCICE. Indiquez le cas de tous les pronoms contenus dans la fable *le Pinson et la pie*.

II.

PROPOSITIONS PRINCIPALES. — PROPOSITIONS INCIDENTES.

LE RENARD[1].

Le renard est fameux par ses ruses, et mérite en partie sa réputation. Il a des moyens de réserve qu'il sait n'employer qu'à propos. Il sait se mettre en sûreté en se pratiquant un asile où il se retire dans les dangers pressants, où il s'établit, où il élève ses petits : il n'est point animal vagabond, mais animal domicilié. Il se loge au bord des bois, à portée des hameaux ; il écoute le chant des coqs et le cri des volailles ; il les savoure de loin, il prend habilement son temps, cache son dessein et sa marche, se glisse, se traîne, arrive, et fait rarement des tentatives inutiles. S'il peut franchir les clôtures, ou passer par-dessous, il ne perd pas un instant, il ravage la basse-

[1] Extrait de BUFFON (1707-1788).

cour, il y met tout à mort, se retire ensuite lestement en emportant sa proie, qu'il cache sous la mousse ou porte à son terrier ; il revient quelques moments après en chercher une autre, qu'il emporte et cache de même, mais dans un autre endroit, ensuite une troisième, une quatrième, etc., jusqu'à ce que le jour ou le mouvement dans la maison l'avertisse qu'il faut se retirer et ne plus revenir.

132. — « Il a des moyens de réserve — qu'il sait n'employer qu'à propos. »

Il y a là deux propositions, mais toutes deux n'ont pas la même importance.

La principale est évidemment :

Il a des moyens de réserve.

L'autre n'est qu'une explication, un complément dépendant de la première.

« Il sait se mettre en sûreté en se pratiquant un asile — où il se retire dans les dangers pressants, — où il s'établit, — où il élève ses petits. »

Il y a ici quatre propositions, mais la principale est la première.

Les trois autres, qui commencent par *où*, dépendent de la première et se rattachent toutes trois au mot *asile* qui la termine.

« S'il peut franchir les clôtures, ou passer par-dessous, — il ne perd pas un instant, — il ravage la basse-cour, — il y met tout à mort.... »

Il y a ici trois propositions, mais la principale n'est pas la première ;

Il ne perd pas un instant,

voilà la principale ; les deux qui suivent ont le même caractère. La première, au contraire,

S'il peut franchir les clôtures ou passer par-dessous,

est dépendante des autres ; on ne peut pas l'employer seule ; il en faut nécessairement une autre à côté.

133. — Ces propositions qui *dépendent* des autres et qui leur sont subordonnées, sont des propositions INCIDENTES.

Les autres sont des propositions PRINCIPALES.

Une phrase, comme on le voit, peut commencer soit par une principale, soit par une incidente.

Une incidente peut se rattacher soit à une principale, comme dans les exemples précédents, — soit à une incidente comme dans cette autre phrase :

> « Le renard emporte ensuite une troisième, une quatrième proie, — jusqu'à ce que le jour ou le mouvement dans la maison l'avertisse — qu'il faut se retirer et ne plus revenir. »

La première proposition est principale.

La seconde est une incidente dépendant de la principale.

> Il emporte.... une proie, — jusqu'à ce que le jour ou le mouvement l'avertisse....

La troisième est une incidente dépendant de l'incidente.

> Jusqu'à ce que le jour ou le mouvement l'avertisse — qu'il faut se retirer et ne plus revenir.

134. — Les deux espèces de propositions se trouvent souvent mêlées, enclavées l'une dans l'autre (109, 110). En voici un exemple :

> Le renard, — qui est très-adroit, — choisit habilement son domicile.

La proposition incidente :

> Qui est très-adroit.

est intercalée ici dans la principale :

> Le renard.... choisit habilement son domicile.

Il peut arriver aussi qu'une proposition, principale et

indépendante par elle-même, soit cependant placée de manière à être le complément d'une incidente :

Ils entendirent des voix qui criaient : Est-ce vous, mes enfants ?

Ils entendirent des voix, proposition principale.

Qui criaient, proposition incidente.

Est-ce vous mes enfants? proposition principale, puisqu'elle offre un sens complet par elle-même, — mais qui est ici, en même temps, le complément direct de *criaient.*

135. — Toutes les propositions *principales* ne sont pas sur le même pied et toutes les propositions *incidentes* ne sont pas semblables.

Voici par exemple une suite de propositions principales.

Il écoute le chant des coqs et le cri des volailles ;
il les savoure de loin,
il prend habilement son temps,
(il) cache son dessein et sa marche,
(il) se glisse,
(il) se traîne,
(il) arrive,
et (il) fait rarement des tentatives inutiles.

Ces propositions ne sont reliées entre elles que par la pensée ; aucun *mot* ne les rattache les unes aux autres ; elles sont indépendantes. Cependant c'est la première qui conduit et guide les autres, elle joue le rôle de chef. C'est la principale *absolue*. Les autres sont des principales *relatives*.

136. — Les propositions incidentes se divisent également en deux classes.

Les unes contiennent une explication qui peut se retrancher :

Le renard — qui est très-rusé — choisit bien son domicile.

Qui est très-rusé, peut se retrancher sans difficulté ; c'est une incidente *explicative*.

Mais on ne pourra pas retrancher de même l'incidente qui termine cette phrase :

Jusqu'à ce que le jour ou le moment l'avertisse — qu'il faut se retirer, etc.

La proposition : *qu'il faut se retirer*, ne saurait disparaître de la phrase, elle est indispensable pour en *déterminer* le sens : c'est une incidente *déterminative*.

QUESTIONNAIRE. Qu'est-ce qu'une proposition principale? — incidente? — Donnez-en des exemples. — Qu'appelle-t-on principale absolue? — relative? — incidente explicative? — incidente déterminative?

EXERCICE. Indiquer toutes les propositions contenues dans le morceau suivant; — isoler celles qui sont enclavées dans les autres; — dire si elles sont principales, incidentes, etc.; — et noter dans chacune le sujet, le verbe et l'attribut.

L'ENFANT ET LA GUÊPE[1].

Un joli petit garçon, agile et léger, qui laissait à peine sur le sol l'empreinte de ses pas, s'en allait sautillant au milieu d'un jardin, et folâtrait à travers les fleurs et les herbes. Une guêpe dorée, qui cachait son dard empoisonné, se balançait sur ses ailes et voltigeait joyeusement autour de lui. La beauté de sa couleur, l'agilité de son vol, donnent à l'enfant le désir de l'observer de plus près; il arrondit sa main, et s'élance après l'insecte qui bourdonne; mais il dirige mal son mouvement, ne prend que le vide, et la guêpe continue à voltiger. Il s'obstine à la suivre; cent fois elle lui échappe au moment où il croit la tenir; elle s'est enfin posée sur une rose, elle s'enfonce dans la fleur parfumée. L'enfant, qui ne l'a point perdue de vue, marche sans bruit, sur la pointe des pieds, arrive auprès de la rose, et d'un seul mouvement presse de toute sa

1. Fable de Pignotti, poëte italien (1739-1812).

force la fleur et la guêpe. La rose se laisse écraser, mais la guêpe se défend; elle tire le dard aigu qu'elle tient caché, et l'enfonce dans le doigt de l'imprudent. L'enfant pousse un cri, et l'insecte s'échappe en lui laissant une cuisante blessure.

Jeunes insensés, qui courez après des plaisirs que vous ne connaissez pas, le même sort vous attend. Vous croirez saisir le plaisir, vous ne rencontrerez que la douleur.

Avis sur le tableau suivant.

On place ce tableau devant soi quand on fait de l'analyse. S'il se présente un mot qui embarrasse, on lit le tableau avec attention jusqu'à ce qu'on trouve à quelle partie du discours le mot appartient. Si ce renseignement ne suffit pas, on poursuit la lecture et l'on finit par rencontrer toutes les indications que l'on cherche.

Les indications de la fin se rapportent à l'analyse logique.

---

137. — RÉSUMÉ PRATIQUE DES PRINCIPES DE LA GRAMMAIRE

Pour guider au début dans l'analyse.

Le mot est-il un cri?	*Interjection.*
Se conjugue-t-il?	*Verbe.*
Désigne-t-il une personne ou une chose?	*Nom* ou *pronom.*
S'accorde-t-il avec un mot auquel il se rapporte?	*Verbe.* *Participe.* *Adjectif.* *Déterminatif*
Est-il suivi de mots dont il ne peut se séparer? — Est-il invariable?	*Préposition.*
Lie-t-il les propositions, les énumérations, etc. ? — Est-il invariable?	*Conjonction.*
Indique-t-il *comment sont* les personnes ou les choses? — Est-il variable?	*Adjectif.* *Participe.*
Indique-t-il *comment se font* les choses, *comment* sont les *qualités*? — Est-il invariable?	*Adverbe de manière.*
Indique-t-il les circonstances dans lesquelles se trouvent les personnes ou les choses — ou en quel nombre elles sont? — Est-il variable?	*Article* et autres *déterminatifs.*
Indique-t-il où, quand se font les choses, en quelle quantité elles sont; si elles sont certaines ou non? — Est-il invariable?	*Adverbes* de *lieu*, de *temps*, de *quantité* et de *négation.*

Le NOM *nomme* les personnes ou les choses.
Le PRONOM les désigne *sans les nommer.*

Nom PROPRE, *nom* COMMUN, *collectif*, *composé.*

Pronom *personnel*, *démonstratif*, *possessif*, *conjonctif*, *indéfini.*

Mot à la fois *pronom* et *conjonction:* — PRONOM CONJONCTIF.
Mot à la fois *verbe* et *adjectif:* — PARTICIPE.

L'ARTICLE *le*, *la*, *les*, annonce qu'un mot est déterminé.
L'ADJECTIF DÉTERMINATIF le détermine.

Adjectif démonstratif, *possessif*, *numéral*, *indéfini.*

L'ADJECTIF *qualificatif* et le PARTICIPE qualifient.
L'ADVERBE modifie.
La PRÉPOSITION forme avec les mots qui la suivent un *complément indirect.*

Peuvent avoir des *compléments indirects* : le *nom*, le *pronom*, *l'adjectif*, le *participe*, le *verbe*, *l'adverbe.*

Le *verbe* seul et le participe ont des *compléments directs.*

Le *nom* — le *pronom* — *l'infinitif* — un mot pris accidentellement pour un *nom* — une *proposition entière*, sont SUJET, COMPLÉMENT ou ATTRIBUT.

L'*adjectif* est aussi quelquefois *attribut.*

Dans le verbe PASSIF l'action est reçue, *soufferte par le sujet.*
Le verbe ACTIF renversé devient un verbe *passif.*
Le verbe NEUTRE ne peut se renverser pour devenir un verbe passif.
Le verbe PRONOMINAL a deux pronoms de la même personne à tous les modes personnels.
Le sujet du V. IMPERSONNEL n'est jamais une personne ni une chose.
Il n'y a qu'un verbe SUBSTANTIF : *être.*

Le SUJET peut être { un nom. / un pronom. / un infinitif. / une proposition. (75)

Il est *simple* : Le *chien* est fidèle.
ou *multiple* : La *brebis* et le *chien* causaient ensemble.

L'ATTRIBUT peut être { un nom, / un pronom. / un qualificattf. / un verbe (*verbe* et *attribut* combinés (113).

Il est *simple :* Dieu est *juste.*
ou *multiple :* Dieu est *juste* et *bon.*
Le sujet et l'attribut peuvent être *modifiés* par des compléments (114)

Les propositions sont { *principales* { absolues. / relatives. } ou *incidentes* { déterminatives. / explicatives. }

CHAPITRE VII.

ANALYSE.

138. — On donne en grammaire le nom d'ANALYSE à la décomposition et à l'examen de chaque partie d'une phrase sous le rapport grammatical.

L'analyse des *mots* porte le nom d'*analyse* GRAMMATICALE.

L'analyse des *propositions* est l'*analyse* LOGIQUE.

Les notions qui précèdent suffisent pour l'analyse de toutes les phrases où il n'y a ni *gallicismes* ni *figures de grammaire*.

Les notions nécessaires à l'analyse de ces phrases irrégulières ont leur place naturelle à la fin de la SYNTAXE.

Nous donnons ici des modèles des deux genres d'analyse.

I.

ANALYSE GRAMMATICALE.

LES VOISINS [1].

139. — I. Deux hommes étaient voisins, et chacun d'eux avait une femme et plusieurs petits enfants, et son seul travail pour les faire vivre.

Et l'un des deux hommes s'inquiétait en lui-même, disant :

1. Parabole de LAMENNAIS (1782-1854).

Si je meurs ou que je tombe malade, que deviendront ma femme et mes enfants ?

Deux	adjectif déterminatif numéral cardinal masculin[1] pluriel, qui détermine *hommes.*
hommes	nom commun masculin pluriel, sujet du verbe *étaient.*
étaient	verbe substantif, mode indicatif, temps passé imparfait, 3e personne du pluriel.
voisins,	adjectif qualificatif masculin pluriel, qui qualifie *hommes.* Il est, ici, *attribut*[2].
et	conjonction.
chacun	pronom indéfini masculin singulier, sujet du verbe *avait.*
d'	pour *de*, préposition qui forme, avec le mot *eux*, le complément indirect de *chacun.*
eux	pronom personnel de la 3e personne du pluriel, complément indirect de *chacun.*
avait	verbe actif[3], 3e conjugaison, mode indicatif, temps passé imparfait, 3e personne du singulier.
une	adjectif numéral cardinal féminin singulier, qui détermine *femme.*
femme	nom commun féminin singulier, complément direct de *avait.*
et	conjonction.
plusieurs	adjectif numéral indéterminé masculin pluriel, qui détermine *enfants.*
petits	adjectif qualificatif masculin pluriel, qui qualifie *enfants.*
enfants,	nom commun masculin pluriel, complément direct de *avait.*
et	conjonction.
son	adjectif possessif masculin singulier, qui détermine *travail.*

1. Il se rapporte à hommes.
2. En allemand, en russe, l'adjectif qui est attribut ne se comporte pas comme celui qui n'est que qualificatif.
3. Il n'est auxiliaire que lorsqu'il est suivi d'un participe.

seul	adjectif qualificatif masculin singulier, qualifie *travail.*
travail	nom commun masculin singulier, complément direct de *avait.*
pour	préposition qui forme, avec l'infinitif *faire*, le complément indirect de *avait.*
les	pronom personnel 3e personne masculin pluriel, complément direct de *faire.*
faire	verbe actif au présent de l'infinitif, 4e conjugaison, complément indirect de *avait.*
vivre.	verbe neutre, 4e conjugaison, au présent de l'infinitif, complément direct de *faire.*
Et	conjonction.
l'un	pronom indéfini masculin singulier, sujet de *s'inquiétait.*
des	pour *de les : de*, préposition qui forme, avec le mot *hommes*, le complément indirect de *l'un; les*, article masculin pluriel, qui annonce que *hommes* est déterminé.
hommes	nom commun masculin pluriel, complément indirect de *l'un.*
s'	pour *se*, pronom personnel, 3e personne du masculin singulier, complément direct de *inquiétait.*
inquiétait	verbe actif, ici pronominal, 1re conjugaison, imparfait de l'indicatif, 3e personne du singulier.
en	préposition qui forme, avec le mot *lui-même*, le complément indirect de *s'inquiétait.*
lui-même[1],	pronom personnel, 3e personne du singulier, complément indirect de *s'inquiétait.*
disant.	participe présent, masculin, du verbe actif *dire*, 4e conjugaison, qui qualifie *l'un;* son complément direct est la phrase suivante[2] : *Si je meurs*, etc.
Si	conjonction.

1. L'adjectif *même* s'ajoute souvent aux pronoms pour leur donner plus d'energie.

2. Lorsque le complément du verbe est une proposition, c'est au verbe qu'il faut le mentionner, car on ne trouverait pas où faire cette mention ailleurs.

je	pronom personnel de la 1re personne, masculin singulier, sujet de *meurs*.
meurs	verbe neutre, 2e conjugaison, 1re personne du présent de l'indicatif, employé ici dans le sens du futur (107).
ou	conjonction.
que	conjonction employée pour éviter la répétition de *si*.
je	pronom personnel masculin singulier de la 1re per-personne, sujet de *tombe*.
tombe	verbe neutre, 1re conjugaison, 1re personne du présent du subjonctif, employé ici dans le sens du futur [1].
malade,	adjectif qualificatif masculin singulier qui qualifie *je*, dont il est l'attribut.
que	pronom interrogatif masculin [2] singulier, attribut [3] de : *ma femme et mes enfants*.
deviendront	verbe neutre, 2e conjugaison, 3e personne pluriel du futur de l'indicatif.
ma	adjectif possessif féminin singulier, qui détermine *femme*.
femme	nom commun féminin singulier, l'un des sujets de *deviendront*.
et	conjonction.
mes	adjectif possessif masculin pluriel, qui détermine *enfants*.
enfants ?	nom commun masculin pluriel, l'un des sujets de *deviendront*.

EXERCICE. Analyser grammaticalement les phrases suivantes :

II. Et cette pensée ne le quittait point, et elle rongeait son cœur comme un ver ronge le fruit où il est caché.

1. Lorsqu'on doute si un verbe est à l'indicatif ou au subjonctif, il faut mettre à sa place dans la phrase un autre verbe, *devenir* par exemple, dont le subjonctif diffère notablement de l'indicatif.
2. *Que* signifie ici : *quoi*, *quelle chose*, et n'est en réalité d'aucun genre.
3. Ma femme et mes enfants deviendront *quelle chose?* ou *quelle chose* deviendront ma femme et mes enfants? On voit que *quelle chose* ou *que*

Or, bien que la même pensée fût venue également à l'autre père, il ne s'y était point arrêté; car, disait-il, Dieu, qui connaît toutes ses créatures et qui veille sur elles, veillera aussi sur moi, et sur ma femme, et sur mes enfants.

II.

ANALYSE LOGIQUE.

LES VOISINS.

140. — III. Et celuici vivait tranquille, tandis que le premier ne goûtait pas un instant de repos ni de joie intérieurement.

Un jour qu'il travaillait aux champs, triste et abattu à cause de sa crainte, il vit quelques oiseaux entrer dans un buisson, en sortir, et puis bientôt y revenir encore.

Et, s'étant approché, il vit deux nids posés côte à côte, et dans chacun plusieurs petits nouvellement éclos et encore sans plumes.

Et quand il fut retourné à son travail, de temps en temps il levait les yeux, et regardait ces oiseaux qui allaient et venaient portant la nourriture à leurs petits.

Or, voilà qu'au moment où l'une des mères rentrait avec sa becquée, un vautour la saisit, l'enlève, et la pauvre mère, se débattant vainement sous sa serre, jetait des cris perçants.

« Et celui-ci vivait tranquille, tandis que le premier ne goûtait pas un instant de repos ni de joie intérieurement »

Cette phrase renferme deux propositions, une principale absolue et une incidente déterminative.

Et celui-ci vivait tranquille.

Proposition principale absolue. Sujet : *celui*; verbe et attribut *vivait* (était *vivant*), l'attribut a pour complément qualificatif *tranquille.*

est attribut du sujet. Les mots qui accompagnent *être*, *devenir* et autres verbes de ce genre, sont généralement, les uns le sujet et les autres l'attribut.

Tandis que le premier ne goûtait pas un instant ni de joie intérieurement.

Proposition incidente déterminative. Sujet : *le premier* ; verbe et attribut *goûtait* (était *goûtant*). L'attribut a pour complément modificatif *intérieurement* et pour complément direct *un instant de repos....*

« Un jour qu'il travaillait aux champs, triste et abattu à cause de sa crainte, il vit quelques oiseaux entrer dans un buisson, en sortir, et puis bientôt y revenir encore. »

Cette phrase renferme deux propositions : une principale absolue, une incidente déterminative.

Ici la proposition principale est placée en second lieu. Il en est souvent ainsi (132).

Il vit quelques oiseaux entrer dans un buisson, en sortir, et puis bientôt y revenir, un jour....

Proposition principale absolue. Sujet : *il*; verbe et attribut : *vit* (fut *voyant*). L'attribut a pour complément direct : *quelques oiseaux entrer dans un buisson, en sortir, et puis bientôt y revenir* — et pour complément circonstanciel : *un jour....*

Qu'il travaillait aux champs, triste, abattu à cause de sa crainte.

Proposition incidente déterminative. Sujet : *il*, qui a pour complément *triste*, *abattu à cause de sa crainte*. Verbe et attribut : *travaillait* (était *travaillant*). L'attribut a pour complément indirect : *aux champs*.

« Et, s'étant approché, il vit deux nids posés côte à côte, et dans chacun plusieurs petits nouvellement éclos et encore sans plumes. »

Il y a ici un verbe sous-entendu : « et dans chacun *il vit* plusieurs petits, etc. »

Cette phrase renferme deux propositions toutes deux principales, l'une absolue, l'autre relative.

Et, s'étant approché, il vit deux nids posés côte à côte,

Proposition principale absolue. Sujet : *il*, qui a pour complément qualificatif *s'étant approché;* verbe et attribut : *vit* (fut *voyant*), ayant pour complément direct *deux nids posés côte à côte.*

Et dans chacun (il vit) plusieurs petits nouvellement éclos et encore sans plumes.

Proposition principale relative. Sujet : *il*; verbe et attribut : *vit* (fut *voyant*), ayant pour complément direct *plusieurs petits nouvellement éclos et encore sans plumes*, et pour complément indirect *dans chacun.*

« Et quand il fut retourné à son travail, de temps en temps il levait les yeux, et regardait ces oiseaux qui allaient et venaient portant la nourriture à leurs petits. »

Cette phrase renferme cinq propositions, une principale absolue, une principale relative, et trois incidentes déterminatives.

Ici encore la phrase commence par une incidente.

Et quand il fut retourné à son travail,

Proposition incidente déterminative. Sujet : *il*; verbe : *fut*; attribut : *retourné*, ayant pour complément indirect *à son travail.*

De temps en temps il levait les yeux,

Proposition principale absolue. Sujet : *il*, verbe et attribut : *levait* (était *levant*), ayant pour complément direct les *yeux* et pour compléments circonstanciels *de temps en temps* et la proposition incidente *quand il fut retourné à son travail.*

Et (il) regardait ces oiseaux,

Proposition principale relative. Sujet : *il*; sous-entendu; verbe et attribut : *regardait* (était *regardant*), ayant pour complément direct *ces oiseaux*. Ce complément est complété lui-même par les deux propositions : *qui allaient et venaient.*

Qui allaient

Proposition incidente déterminative. Sujet : *qui*; verbe et attribut *allaient.*

Et (qui) venaient

Proposition incidente déterminative. Sujet : *qui*, sous-entendu ; verbe et attribut : *venaient.*

« Or voilà qu'au moment où l'une des mères rentrait avec sa becquée, un vautour la saisit, l'enlève, et la pauvre mère, se débattant vainement sous sa serre, jetait des cris perçants. »

Nous avons déjà dit (96) que *voilà* est une contraction de *vois là*. Cette phrase renferme donc comme la précédente cinq propositions: une principale absolue, une principale relative et trois incidentes déterminatives.

Or, voilà (vois-là)

Proposition principale absolue. Le sujet est : *tu*, sous-entendu, le verbe étant à l'impératif. Le verbe et l'attribut sont : *vois* (sois *voyant*). L'attribut a pour complément l'adverbe *là*, contracté avec le verbe et de plus, la proposition suivante : *Qu'un vautour la saisit.*

Qu'un vautour la saisit.... au moment....

Proposition incidente déterminative. Sujet : un *vautour;* verbe et attribut : *saisit* (est *saisissant*), ayant pour complément direct *la*, et pour complément circonstanciel *au moment* où, etc.

(Il) l'enlève.... au moment....

Proposition incidente déterminative. Sujet : *il*, sous-entendu; verbe et attribut : *enlève* (est *enlevant*), ayant pour complément direct *l'* et pour complément circonstanciel *au moment*....

On voit ici le même membre de phrase complément de deux propositions qui se suivent.

Où[1] l'une des mères rentrait avec sa becquée....

Proposition incidente déterminative, dépendant des deux incidentes qui précèdent. Sujet : *l'une des mères*; verbe et attribut : *rentrait* (étant *rentrant*), ayant pour complément indirect *avec sa becquée.*

Et la pauvre mère, se débattant vainement sous sa serre, jetait des cris perçants.

Proposition principale relative. Sujet : *la pauvre mère*, qui a pour complément qualificatif *se débattant vainement sous sa serre;* verbe et attribut : *jetait* (était *jetant*), ayant pour complément direct *des cris perçants.*

1. *Où* est ici un pronom conjonctif : *auquel, dans lequel.*

EXERCICE. Analyser logiquement le reste de la *parabole*.

IV. A cette vue, l'homme qui travaillait[1] sentit son âme plus troublée qu'auparavant; car, pensait-il, la mère, c'est la mort des enfants[2]. Les miens n'ont que moi non plus. Que[3] deviendront-ils si je leur manque?

Et tout le jour il fut sombre et triste, et la nuit il ne dormit point.

Le lendemain[4], de retour aux champs, il se dit : Je veux voir les petits de cette pauvre mère : plusieurs sans doute ont déjà péri. Et il s'achemina vers le buisson.

Et, regardant, il vit les petits bien portants; pas un ne semblait avoir pâti.

Et, ceci l'ayant étonné[5], il se cacha pour observer ce qui se passerait.

Et, après un peu de temps, il entendit un léger cri, et il aperçut la seconde mère rapportant en hâte la nourriture qu'elle avait recueillie, et elle la distribua à tous les petits indistinctement, et il y en eut pour tous[6], et les orphelins ne furent point délaissés dans leur misère.

Et le père — qui s'était défié de la Providence — raconta le soir à l'autre père ce — qu'il avait vu.

Et celui-ci lui dit[7] : Pourquoi s'inquiéter[8]? Jamais Dieu n'abandonne les siens. Son amour a des secrets que nous ne connaissons point. Croyons, espérons, aimons, et poursuivons notre route en paix.

Si je meurs avant vous, vous serez le père de mes enfants; si vous mourez avant moi, je serai le père des vôtres.

Et si, l'un et l'autre, nous mourons avant qu'ils soient en âge de pourvoir eux-mêmes à leurs nécessités, ils auront pour père le Père qui est dans les cieux.

1. Ces deux mots forment une proposition à part enclavée dans l'autre.
2. Il y a dans cette proposition un sujet répété. L'attribut est un nom.
3. Voir le modèle d'analyse grammaticale, page 109, note 3.
4. Complément circonstanciel; on sous-entend *pendant*.
5. Cette partie détachée de la phrase forme un complément circonstanciel du verbe suivant. Voir à la *Syntaxe*.
6. Il y *en* eut, il y eut de *cela*, il y eut *de la nourriture* pour tous; *il* est le sujet apparent, *de la nourriture* est le sujet réel. (V. nos 87 et 88.)
7. Voir no 114. — 8. Sous-entendu : *doit-on?*

APPENDICE[1].

CHAPITRE VIII.

SYLLABES, LETTRES, SIGNES ORTHOGRAPHIQUES.

LA PRIMEVÈRE ET L'ŒILLET.

La primevère, un jour, dans un bouquet,
Avec l'œillet se trouva réunie,
Elle eut le lendemain le parfum de l'œillet :
On ne peut que gagner en bonne compagnie.

BÉRENGER (de l'Oratoire).

141. — Si nous examinons l'un après l'autre les mots de cette fable, nous remarquons que les uns se prononcent en une fois et les autres en plusieurs fois.

La pri-me-vè-re un jour dans un bou-quet a-vec l'œil-let se trou-va ré-u-nie.

Chacun de ces mots, chacune de ces parties de mot qui se prononce en une fois est une SYLLABE.

1. Ce chapitre pourra être étudié au moment où le professeur le jugera à propos. Il eût été un peu aride pour le début, et d'un autre côté on ne pouvait interrompre l'étude des parties du discours et de la proposition pour lui donner place. C'est ce qui nous a décidé à le rejeter ici. Il est indispensable de l'étudier avant de passer à la seconde partie.

Les mots qui n'ont qu'une syllabe, comme *un*, *jour*, *dans*, *se*, *eut*, *en*, *ne*, *que*, etc., sont des *monosyllabes*.

Ceux de deux syllabes, comme *bouquet*, *avec*, *œillet*, sont des *dissylabes*. Les *trissyllabes* ont trois syllabes, comme *réunie*, *lendemain*.

On donne, en général, le nom de *polysyllabes* aux mots qui ont plus d'une syllabe : *trouva*, *réunie*, *lendemain*, *bonne*, *compagnie*, etc.

142. — Chacune de ces syllabes est écrite à l'aide d'une ou de plusieurs *lettres*.

Les lettres qui, par elles-mêmes, peuvent former une syllabe ont reçu le nom de VOYELLES. Ce sont :

a, e, i, o, u, y.

E a trois sons; il est *fermé* dans *sant*É, il est *ouvert* dans *bouqu*E*t*, il est *muet* dans *bonn*E.

A se prononce également de deux manières très-distinctes. Il est bref et aigu dans *là*, grave et long dans *las*.

O a aussi deux sons : un son sec et ouvert dans *grotte*, un son fermé dans *côte*.

Y représente tantôt un *i*, tantôt deux *ii*. Il ne compte pour deux *ii* qu'entre deux voyelles : *payer*, qu'on prononce *pé-ier*.

143. — Certains sons, aussi simples dans la prononciation que ceux que l'on a représentés par les six voyelles, sont figurés en français par plusieurs lettres; tels sont :

eu, ou; an, en, in, on, un.

Les cinq derniers portent le nom de *voyelles nasales*.

144.—Le son O s'écrit souvent *au* et même *eau*; le son IN s'écrit *ain*, *ein* et quelquefois *en*; le son È s'écrit *et*, *ait*, *aid*, *aient*, etc.; É s'écrit *er*, *ez*, etc.

« *Au* loup! troup*eau*; lendem*ain*, pl*ein*, exam*en*; viol*et*, cri*ait*, l*aid*, dev*aient*; cervi*er*, voy*ez*, etc. »

Ces différences dans la représentation d'un même son forment une des plus grandes difficultés de l'orthographe française.

145.—Deux voyelles prononcées distinctement dans une même syllabe portent le nom de DIPHTHONGUE.

Tel est le son *ié* dans *amitié*, *oi* dans *voisinage*, *ien* dans *chien*, *io* dans *violette*, *oin* dans *point*, *ui* dans *appui*, *ieu* dans *cieux*, *ion* dans *pion*, etc.

Voici les principales diphthongues :

Ia, *iè* ou *iai*, *ié* ou *ier*, *io*, *oi*, *oua*, *ieu*, *ien* ou *ian*, *ion*, *ui*, etc.

146. — Les lettres qui, seules, ne peuvent former une syllabe, ni même se prononcer sans être appuyées par une voyelle, ont reçu le nom de CONSONNES. Ce sont :

b, c, d, f, g, h, j, k, l, m, n, p, q, r, s, t, v, x, z.

Nous ne comptons pas au nombre des lettres françaises le double w, qui est une importation étrangère, voyelle (*ou*) dans les mots anglais, consonne (*v*) dans les mots allemands et polonais.

147. — C et G ont une double prononciation. *C* est dur et se prononce *k* devant *a*, *o*, *u* : *cacher*, *cocher*, *écurie*; il est doux et se prononce *s* devant *é* et *i* : *ceci*. — *G* est dur devant *a*, *o*, *u* : *gagner*, *égoïste*, *aigu*; il est doux et se prononce *j* devant *e* et *i* : *gémir*, *agir*.

148. — H se prononce du gosier à l'étranger et dans quelques provinces de France; mais cette lettre n'a aucun son dans la bouche des Parisiens.

On distingue cependant l'*h* muet de l'*h* aspiré.

L'*h* est *muet* lorsqu'il ne sert que pour l'orthographe, comme dans *l'homme*.

Il est aspiré lorsqu'il sert à détacher la syllabe qu'il commence, de la syllabe qui le précède :

« *Le hameau*, et non *l'hameau; des haricots*, que l'on prononce *dè aricots* et non *dè zaricots*. »

L'*h* s'emploie encore pour modifier le son de quelques consonnes.

C suivi de *h* exprime un son particulier, *champ*; quelquefois il rend le *c* dur devant *e* et *i* : *Chersonèse*.

G suivi de *h* conserve le son dur devant *e* et *i* : *Enghien*.

P suivi de *h* prend le son de *f* dans les mots dérivés du grec : *philosophe*.

149. — S a deux sons; il se prononce *z* entre deux voyelles; partout ailleurs il a le son de *c* doux.

150. — Quatre lettres françaises peuvent prendre le son mouillé : *l* précédé d'un *i*, *soleil* : *n* précédé d'un *g* : *agneau*; *g* dur et *q* suivis d'un *u* : *guet*, *quai*.

151. — Toutes les syllabes d'un mot ne se prononcent pas avec la même force. Celle où figure un *e* muet s'appelle *syllabe muette*; celle sur laquelle on appuie est la *syllabe accentuée*.

152. — Le petit signe qui rapproche les deux mots *passe-temps*, est un *trait d'union*. Il s'emploie lorsqu'on réunit plusieurs mots pour en faire un seul.

153. — L'*apostrophe* qui se voit dans ces mots : *l'alarme*, *l'homme*, *qu'il*, *s'il*, indique qu'une des trois lettres *a*, *e*, *i*, est *élidée*, c'est-à-dire retranchée pour la prononciation; *la alarme*, *le homme*, *que il*, *si il*.

A, *e*, se suppriment dans tous les petits mots, mais *i* ne se retranche que dans *si* suivi de *il*.

154. — Les *accents* orthographiques, la *cédille* et le *tréma* ne servent qu'à noter la prononciation.

L'accent *aigu* (*é*) se met sur la plupart des *é* fermés; l'accent *grave* (*è*) se met sur la plupart des *è* ouverts; il se place aussi quelquefois sur *à* et sur *ù*, et sert à distinguer *là* adverbe de *la* article ou pronom, *où* adverbe ou pronom conjonctif de *ou* conjonction, *à* préposition de *a* troisième personne du verbe *avoir*, etc.

L'accent circonflexe se place sur quelques voyelles longues.

« Vérité, écouté; après, espèce, *à*, *là*, *où*; fenêtre. »

155. — La *cédille* se met sous le *ç*, lorsqu'il doit avoir exceptionnellement le son de l'*s* devant les voyelles *a*, *o*, *u* : *il effaça*, *il reçoit*, *il reçut*.

Le *tréma* se pose sur une voyelle qui ne doit pas faire diphthongue avec la précédente : *naïf*, *Saül*, *aiguë*.

Questionnaire. Qu'est-ce qu'une syllabe? — Comment appelle-t-on les mots d'une, deux, trois, plusieurs syllabes? — Qu'est-ce qu'une voyelle ? — Quelles sont les six voyelles? — Combien de sortes d'*é*? — d'*a*? — et d'*o*? — Quel est le son de l'*y*? — N'y a-t-il pas des voyelles qui s'écrivent par deux lettres? — Qu'appelle-t-on voyelles nasales? — Le même son est-il toujours représenté par les mêmes lettres? — Qu'est-ce qu'une diphthongue? — Qu'est-ce qu'une consonne? — Nommez les consonnes françaises? — Le double *w* doit-il y figurer? — *C* et *g* n'ont-ils par une double prononciation? — Comment se prononce l'*h*? — Ne l'emploie-t-on pas à modifier le son de quelques autres lettres? — Quelles sont les lettres françaises qui prennent le son mouillé? — Que nomme-t-on syllabe muette? — syllabe accentuée? — Qu'est-ce que le trait-d'union? — l'apostrophe? — Peut-elle remplacer l'*i*? — Quel est l'usage des trois accents? — de la cédille? — du tréma?

Exercice écrit. Notez dans le morceau suivant :
1° Les monosyllabes, dissyllabes, trissyllabes et polysyllabes.

2° Les voyelles simples, les voyelles composées, les voyelles nasales.
3° Les diphthongues.
4° Les consonnes, les consonnes composées (ch, gh, ph).
5° Les deux sortes de *h*.
6° Les consonnes mouillées.
7° Les syllabes muettes.
8° Les traits-d'union, apostrophes, cédilles et autres signes orthographiques.
Il suffira de deux ou trois exemples de chaque sorte.

L'OURSE ET LE PETIT OURS.

Une ourse avait un petit ours qui venait de naître. Il était horriblement laid. On ne reconnaissait en lui aucune figure d'animal : c'était une masse informe et hideuse. L'ourse, toute honteuse d'avoir un tel fils, va trouver sa voisine la corneille, qui faisait grand bruit par son caquet sous un arbre. « Que ferai-je, lui dit-elle, ma bonne commère, de ce petit monstre? j'ai envie de l'étrangler. — Gardez-vous en bien, dit la causeuse : j'ai vu d'autres ourses dans le même embarras que vous. Allez : léchez doucement votre fils; il sera bientôt joli, mignon, et propre à vous faire honneur. » La mère crut facilement ce qu'on lui disait en faveur de son fils. Elle eut la patience de le lécher longtemps. Enfin il commença à devenir moins difforme, et elle alla remercier la corneille en ces termes : « Si vous n'eussiez modéré mon impatience, j'aurais cruellement déchiré mon fils, qui fait maintenant tout le plaisir de ma vie. »

Oh! que l'impatience empêche de biens et cause de maux!

FÉNELON (1651-1715).

CONCLUSION.

O Père qu'adore mon père,
Toi qu'on ne nomme qu'à genoux!
Toi dont le nom terrible et doux
Fait courber le front de ma mère!...

On dit que c'est toi qui fais naître
Les petits oiseaux dans les champs,
Et donnes aux petits enfants
Une âme aussi pour te connaître!

LAMARTINE.

155. — Jetons un coup d'œil rapide sur ce que nous avons appris jusqu'à présent.

Nous avons reconnu d'abord que *tous* les mots du langage, parlé ou écrit, peuvent se répartir en dix classes.

Les interjections, qui ne sont que des cris : *ah! hélas* « *ô* père ! »

Les noms et les pronoms qui désignent des personnes ou des choses : « mon *père*, ma *mère*, le *front*, le *nom*, *toi*. »

Les déterminatifs, les qualificatifs et les participes, qui expriment les qualités, les manières d'être des personnes ou des choses : « *le* nom *terrible* et *doux*, *les petits* oiseaux, *mon* père, *ma* mère, *une* âme. »

Les adverbes, qui indiquent les qualités des qualités : il est *très*-bon ; elle raisonne *juste*.

Les prépositions et les conjonctions, qui marquent, — les premières, les rapports des mots entre eux : « le front *de* ma mère ; » — les secondes, les rapports des parties de phrases entre elles : « tu donnes *aussi* une âme aux petits enfants. »

Enfin, les verbes qui relient tous ces mots entre eux :

> Mon Dieu ! *donne* l'onde aux fontaines,
> *Donne* la plume aux passereaux,
> Et la laine aux petits agneaux,
> Et l'ombre et la rosée aux plaines !

Sans le mot *donne*, tous les mots de cette phrase seraient dispersés et n'exprimeraient rien. C'est lui qui leur apporte le sens et qui les anime.

On peut comparer une phrase au corps humain. Les noms et les pronoms sont les os ; les adjectifs et les adverbes forment la chair et les muscles ; les verbes, ce sont les nerfs qui donnent la sensibilité, le sang qui fait circuler la vie.

> L'agneau broute le serpolet,
> La chèvre s'attache au cityse.

Autour du verbe se groupent le sujet : *l'agneau*, *la chèvre ;* l'objet : *le serpolet*, *se ;* le complément indirect : *au cityse*.

Le sujet, l'objet, les compléments désignent *un* ou *plusieurs* êtres : *l'onde* et *les fontaines*, *la plume* et *les passereaux ;* de là le *nombre*.

Nous avons trouvé de même la distinction des *genres* : *mon père*, *l'agneau*, *le serpolet*, masculin ; *ma mère*, *la chèvre*, *la laine*, féminin.

A ces deux genres, beaucoup de langues en ajoutent un troisième, le neutre.

Le verbe varie suivant les circonstances qui accompagnent l'action : — *tu donnes*, *tu donnerais*, *donne;* suivant l'époque à laquelle l'action s'accomplit : *tu donnes, tu as donné, tu donneras ;* — d'où la *conjugaison.*

Le même mot a quelquefois une forme différente, selon qu'il est sujet, objet, complément indirect : *Je me* soumets ; *il le lui* donne ; — d'où la *déclinaison.*

Le verbe, avec le groupe de mots qui l'entoure, forme la *proposition*, et les propositions réunies forment la *phrase.* La réunion des phrases compose le langage.

Ces mots, ces propositions, ces phrases obéissent à certaines règles, se groupent suivant certaines lois. C'est la science de ces lois qui constitue la grammaire. La grammaire est donc la connaissance des lois du langage, ou, en termes plus simples, l'art de parler et d'écrire correctement.

Il y a dans la grammaire des règles qui s'appliquent à la plupart des langues, et d'autres qui ne s'appliquent qu'à une langue en particulier.

Ce sont les premières que nous avons étudiées. Si, dans ce qui précède, on change les exemples en laissant les explications, on aura à volonté une grammaire anglaise ou italienne, russe ou latine, grecque ou allemande, tout aussi bien qu'une grammaire française. C'est de la grammaire générale.

Il nous reste maintenant à nous occuper des lois particulières de notre langue. Cette étude se divisera en deux parties :

L'art d'écrire les mots et de les faire varier suivant les règles convenues, ou l'ORTHOGRAPHE ;

L'art de les réunir pour en faire des phrases, ou la SYNTAXE.

Un chapitre sur la *prononciation* complétera l'étude de l'Orthographe.

QUESTIONNAIRE. Qu'est-ce que le nom? — le pronom? — l'adjectif? — l'adverbe? — la préposition? — la conjonction? — l'interjection? — le verbe? — A quoi peut-on comparer le verbe? — Qu'est-ce que le sujet? — l'objet? — le nombre? — le genre? — la conjugaison? — la déclinaison? — Qu'est-ce qu'une proposition? — une phrase? — Qu'est-ce que la grammaire? — Qu'appelle-t-on grammaire générale? — En combien de parties se divise la grammaire?

RÉSUMÉ

DES PRINCIPES DE LA GRAMMAIRE.

CHAPITRE I.

LES DIX ESPÈCES DE MOTS.

La Grammaire est l'art de parler et d'écrire correctement.

Le langage parlé et écrit se compose de mots.

Il y a en français dix espèces de mots : le Verbe, le Nom, le Pronom, l'Adjectif, le Participe, le Déterminatif, l'Adverbe, la Préposition, la Conjonction et l'Interjection.

* 1. — Les **verbes** sont des mots qui se conjuguent, c'est-à-dire devant lesquels on peut mettre : *je*, *tu*, *il* ou *elle*, *nous*, *vous*, *ils* ou *elles*.

Je *plante* un arbre, tu *plantes* une vigne, il *plante* ou elle *plant* un rosier; nous *plantons*, vous *plantez*, ils ou elles *plantent* un lilas.

Je *suis* heureux, tu *es* content; j'*ai été* sage, etc[1].

Le verbe indique le plus souvent que l'on *est* ou que l'on *fait* quelque chose.

* 2. — Les **noms** désignent des personnes, des choses, des idées, en les nommant :

Charles, Paris, France, ville, maison, couleur, bonté, courage.

1. L'élève devra, à chaque paragraphe, ajouter quelques exemples de son invention; ici des *verbes*, plus loin des *noms*, des *pronoms*, des *adjectifs*, etc.

* 3. — Les **pronoms** désignent des personnes, des choses, des idées, sans les nommer.

Moi, toi, lui, il, elle, celui-là, le mien, quelqu'un, qui, etc.

* 4. — Les **adjectifs** indiquent comment sont les personnes, les choses, les idées; ils marquent les qualités bonnes ou mauvaises.

Mon père est *bon;* le ciel est *bleu;* cette réponse est *sage;* la plume est *mauvaise*, etc.

* 5. — Les **adverbes** indiquent comment se font les choses, comment sont les qualités des personnes et des choses.

Il parle *bien;* elle se conduit *convenablement*; Charles est *très*-aimable; Henriette est *plus* active que Marie. Ce livre *n*'est *pas* amusant.

Les adverbes indiquent aussi dans quelles circonstances *se font* les choses. Ils marquent :

Les circonstances de lieu : il est *ici*, elle est *là;*

Les circonstances de quantité : *beaucoup* de pommes, *peu* de noix;

Les circonstances de temps : il est venu *hier*, elle viendra *demain;*

Enfin les circonstances d'affirmation ou de négation ; il reviendra *certainement*, elle *ne* viendra *pas*.

* 6. — Il y a aussi des adjectifs qui *déterminent* dans quelles circonstances sont les personnes, les choses, les idées :

Si on les possède : *mon* livre,

Si on les montre : *ce* livre, *ces* livres-là;

Si on les compte : *trois* livres;

Si on les désigne d'une manière vague : *tous* les livres, *chaque* livre, *aucun* livre ;

Si ceux à qui l'on parle les connaissent d'une manière précise : *le* livre que vous savez, donnez-moi *la* grammaire.

Ces mots sont des ADJECTIFS DÉTERMINATIFS ou simplement des **déterminatifs.**

Le, *la*, *les*, a reçu le nom d'**article** et forme une classe à part.

Les adjectifs qui marquent plus spécialement les qualités sont des ADJECTIFS QUALIFICATIFS ou simplement des **qualificatifs.**

* 7. — Les **participes** sont des mots qui sont à la fois

verbes, parce qu'ils se conjuguent, et adjectifs, parce qu'ils marquent les qualités.

Un rosier *planté* dans un pot;
Ce sont des enfants laborieux, *aimant* à s'occuper.

* 8. — Les **prépositions** unissent un mot à un autre, et ne vont jamais sans un complément, nom, pronom ou verbe.

Le livre est placé *sur* la table. Il est assis *près de* vous. Elle aime *à* se promener. Charles lit *en* marchant. C'est le livre *de* mon frère.

Les prépositions **à** et **de** se contractent avec l'article;

A le, devient *au* : je vais *au* jardin; *à les*, devient *aux* : la mare *aux* canards.

De le devient *du* : donnez-moi *du* pain; *de les* devient *des* : Donnez-moi *des* fruits.

La préposition composée de plusieurs mots prend le nom de locution prépositive : *le long de, au travers de.*

* 9. — Les **conjonctions** unissent des idées, des parties de phrases et quelquefois des mots semblables. Elles n'ont jamais de complément :

Il lit *et* il étudie. Il joue *ou* s'amuse. Il s'amuse *quand* il a étudié. L'enfant *et* le vieillard. *Ni* l'un *ni* l'autre.

* 10. — Les **interjections** ne sont autre chose qu'un cri, une exclamation.

Ah! hélas! oh! bah!

Voir la liste des prépositions, des conjonctions et des interjections (9, 11, 13).

Les dix espèces de mots sont contenues dans la fable suivante.

LA TORTUE ET LE LÉZARD.

« Ma[1] pauvre[2] sœur[3], ton[1] sort[3] est[4] triste[2], hélas![5] »
Disait[4] à[6] la[7] tortue[3] un[1] lézard[3] son[1] compère[3];
« Lassée[8] ou[9] non[10], tu[11] ne[10] peux[4] faire[4] un[1] pas[3]
« Sans[6] porter[4] ta[1] maison[3]. Je[11] plains[4] bien[10] ta[1] misère[3]!
— Je[11] la[11] porte[4], il[11] est[4] vrai[2], mais[9] je[11] n'[10]en[11] souffre[4] pas[10]:
Charge[3] utile[2] devient[4] légère[2]. »

1. Déterminatif. — 2. Adjectif. — 3. Nom. — 4. Verbe. — 5 Interjection. — 6. Préposition. — 7. Article. — 8. Participe. — 9. Conjonction. — 10. Adverbe. — 11. Pronom.

CHAPITRE II.

GENRES ET NOMBRES.

* 11. — Les noms qui désignent des hommes sont du *genre* MASCULIN : *Paul*, le *père*, le *fils*.

Ceux qui désignent des femmes sont du *genre* FÉMININ : *Marthe*, la *mère*, la *fille*.

Ceux qui désignent des choses sont, les uns du masculin : le *ciel*, le *courage*; les autres du féminin : la *terre*, la *patience*.

Quand on peut placer *le*, *un*, devant un mot, il est masculin : *un* bras, *le* cerisier. Il est du féminin s'il faut mettre *la*, *une* : *la* jambe, *une* cerise.

* 12. — Les noms féminins servant à distinguer des choses, des idées, sont terminés la plupart, soit en *e* muet : *promenade*, *prudence*, *tendresse*, *friandise*, *patrie*, *solitude;* soit en *eur : chaleur ;* en *ion : compassion*, ou en *té : bonté*.

Quelques mots ont deux formes, l'une pour le masculin et l'autre pour le féminin : *Maître*, *maîtresse*; *tigre*, *tigresse; chien*, *chienne; cheval*, *jument*, etc.

* 13. — Il y a aussi des pronoms masculins : *Il*, *lui*, *le*, *cela; celui*, *ce*, *le mien*, etc.;

Des pronoms féminins : *Elle*, *la*, *elles*, *celles*, *les*, etc.;

Et des pronoms des deux genres : *Je*, *moi*, *tu*, *toi*, *nous*, *vous*, *lui*, *se*, etc.

* 14. — Les adjectifs, les participes, les déterminatifs, ont aussi une forme quand ils se rapportent à un mot masculin, et une autre quand ils se rapportent à un mot féminin : *Le* soleil, *la* lune ; *mon* volant, *ma* balle ; un *beau* livre, une *belle* gravure ; un homme *instruit*, une femme *instruite*.

* 15. — Quand il s'agit d'une seule personne, d'une seule chose, d'une seule action, etc., les mots sont au *nombre* SINGULIER.

Un *cheval*, un *beau* cheval; *elle* se promène; le cheval *court*.

Quand il s'agit de plusieurs personnes, de plusieurs choses, de plusieurs actions, les mots sont au *nombre* PLURIEL :

Des *chevaux*, de *beaux* chevaux; *elles* se promènent; les chevaux *courent*.

* 16. — Le nom et le pronom ont un genre et un nombre par eux-mêmes; le déterminatif, l'adjectif et le participe prennent le genre et le nombre des mots auxquels ils se rapportent.

Le verbe ne prend pas le genre, il ne prend que le nombre.

Parmi les noms il y en a qui n'ont pas de pluriel : la *faim*, l'*or*, la *prudence;* d'autres qui n'ont pas de singulier : les *ténèbres*, les *pleurs*.

La fable suivante contient toutes les variations du genre et du nombre.

LA CAILLE ET LE LIÈVRE.

Un[1] aigle[2] emporte[3] un[1] lièvre[2] en ses[4] serres[5] cruelles[6];
La[7] caille[15] en[9] rit[3] : « A quoi[9] vous[10] ont servi[11] vos[12] pieds[13] ? »
Un[1] milan[2] fond[3] sur elle[14] : « O vous[10] qui[9] me[8] railliez[11],
Reprend[3] le[1] lièvre[2], à quoi[9] vous[10] ont servi[11] vos[12] ailes[5] ? »

CHAPITRE III.

NOMS ET PRONOMS.

* 17. — Il y a deux sortes de noms, le nom PROPRE et le nom COMMUN.

Le nom *propre* est le nom particulier d'une personne, d'une ville, d'un pays, d'un peuple :

Henri, La Fontaine, Paris, l'Angleterre, la mer Rouge, les Allemands.

Le nom *commun* est celui qui désigne toute une classe d'êtres ou d'idées qui se ressemblent.

Enfant, chien, foule, ville, couleur, sagesse.

1. Déterminatif masculin singulier. — 2. Nom masculin singulier. — 3. Verbe singulier. — 4. Déterminatif féminin pluriel. — 5. Nom féminin pluriel. — 6. Adjectif féminin pluriel. — 7. Article féminin singulier. — 8. Pronom féminin singulier. — 9. Pronom masculin singulier. — 10. Pronom féminin pluriel, employé ici pour le singulier. — 11. Verbe pluriel. — 12. Déterminatif pluriel. — 13. Nom masculin pluriel. — 14. Pronom féminin singulier. — 15. Nom féminin singulier.

On nomme COLLECTIFS ceux des noms communs qui, étant au singulier, désignent un pluriel :

Une foule, une troupe, une quantité, la plupart, la totalité, la moitié, le quart.

Les noms COMPOSÉS sont ceux qui sont formés de deux ou plusieurs mots :

Sous-lieutenant, loup-cervier, chat-huant, passe-port, rez-de-chaussée, ne-m'oubliez-pas (plante), etc.

* 18. — Il y a cinq classes de pronoms.

Les pronoms **personnels** désignent ce qu'on appelle les *personnes grammaticales* :

La première, celle qui parle, a pour pronoms : *Je*, *me*, *moi*, au singulier, et *nous*, au pluriel ;

La seconde, celle à qui l'on parle, a pour pronoms : *tu*, *te*, *toi*, au singulier; *vous* au pluriel, et au singulier, par politesse ou absence de familiarité.

Les pronoms de la première et de la seconde personne servent pour les deux genres.

La troisième personne a pour pronoms masculins : *il*, *le*, *lui*, pour le singulier ; *eux* pour le pluriel.

Elle, *la*, sert pour le féminin singulier; *elles*, pour le féminin pluriel.

Les autres pronoms de la troisième personne servent pour les deux genres. Ce sont :

Lui, *soi*, pour le singulier ; *les*, *leurs*, pour le pluriel; *se*, *en*, *y*, pour le singulier et le pluriel.

Le, *la*, *les*, est *pronom* quand il désigne une personne ou une chose sans la nommer : Je *les* ai vus; il est article lorsqu'il précède un nom : *les* amis dont vous m'avez parlé.

En signifie : *de lui*, *d'elle*, *d'eux*, *d'elles*, *de cela* :

Cook alla dans l'*Océan* pacifique, dans l'*île* de Taïti et dans les autres *archipels ;* il *en* a longuememt parlé dans la relation de ses voyages.

C'est-à-dire : il a parlé de l'*île*, de l'*océan*, des *archipels.*

Y signifie *à lui*, *à elle*, *à eux*, *à elles*, *à cela*. Il peut, de même que *en*, représenter des mots masculins ou féminins, singuliers ou pluriels.

Les noms peuvent être aussi de la seconde et de la troisième personne. Ils sont de la seconde personne quand on s'adresse à quelqu'un en le nommant : « *Frère*, viens à mon aide ! » Ils sont de la troisième personne dans tous les autres cas.

* 19. — Les pronoms **possessifs** désignent une personne ou une chose qui est possédée :

Votre portrait n'est pas aussi ressemblant que *le mien.*

Le *mien* équivaut à *mon portrait.* Ces pronoms sont : le *mien*, le *tien*, le *sien*, le *nôtre*, le *vôtre*, le *leur*, pour le masculin ; la *mienne*, la *tienne*, etc., pour le féminin ; les *miens*, les *miennes*, etc., pour le pluriel (33).

* 20. — Les pronoms **démonstratifs** désignent une personne ou une chose qui est montrée :

Ce portrait-ci est plus ressemblant que *celui-là.*

Celui-là équivaut à *ce portrait-là.* Les pronoms démonstratifs sont : *celui*, *celle*, *ceux*, *celles*, *ceci*, *cela*, *celui-ci*, *celui-là*, etc. (34).

* 21. — Le pronom **conjonctif** est à la fois un pronom et une conjonction.

Celui *qui* achète aujourd'hui le superflu, vendra demain le nécessaire.

C'est comme s'il y avait : Celui-ci achète le superflu *et il* vendra demain le nécessaire. *Qui* équivaut à *et il.*

Les pronoms conjonctifs sont : *Qui*, *que*, *quoi*, *dont*, *où*, pour les deux genres ; *lequel*, *lesquels* pour le masculin ; *laquelle*, *lesquelles*, pour le féminin.

L'article qui figure dans *lequel*, se contracte avec les prépositions *à* et *de* : *duquel*, *auquel*, etc. (36).

Ces pronoms servent quelquefois à interroger : *Qui* êtes-vous ? *Que* faites-vous ? *Lequel* préférez-vous ?

Le mot auquel se rapporte le pronom conjonctif est l'ANTÉCÉDENT de ce pronom.

* 22. — Les pronoms **indéfinis** désignent d'une manière vague des personnes ou des choses qu'on ne nomme pas : *On*, *quelqu'un*, *quelque chose*, *quiconque*, *autrui.*

On est venu vous voir ; *quelqu'un* vous a demandé. Si *l'on* revient, que faudra-t-il répondre ?

Quelques-uns de ces pronoms désignent le nombre : *Plusieurs*, *tout*, *maint*, *chacun*, *l'un et l'autre*, *tous deux.*

D'autres indiquent une négation : *Aucun*, *nul*, *personne*, *rien*.

Ainsi, il y a cinq classes de pronoms : les *pronoms personnels*, les *pronoms possessifs*, les *pronoms démonstratifs*, les *pronoms conjonctifs* et les *pronoms indéfinis*.

On trouvera dans les lignes suivantes des pronoms de ces cinq classes.

L'ÉCONOMIE.

Celui[1] *qui*[2] ne sait pas économiser en même temps qu'*il*[3] gagne, mourra sans *rien*[4] posséder. Si *l'on*[4] veut être riche, *il*[3] ne suffit pas d'apprendre comment *on*[4] gagne légitimement l'argent d'*autrui*[4], *il*[3] faut apprendre aussi à épargner *le sien*[5].

CHAPITRE IV.

ADJECTIFS ET ADVERBES.

I.

* 23. — Tous les mots qui prennent à la fois le genre et le nombre du nom ou du pronom auquel ils se rapportent, sont des ADJECTIFS.

Les adjectifs se divisent en trois classes :

1° Les PARTICIPES, qui sont en même temps des verbes ;

2° Les QUALIFICATIFS, qui indiquent les qualités des personnes et des choses : *prudent*, *imprudent*, *ovale*.

3° Les DÉTERMINATIFS, qui indiquent les circonstances diverses dans lesquelles se trouvent les personnes et les choses : *mon*, *ce*, *quatre*, *quelconque*.

* 24. — L'adjectif **qualificatif** répond à la question *comment?* appliquée au nom ou au pronom.

Votre père est *bon*. Comment est votre père? — Il est *bon*.

* 25. — Aux adjectifs qualificatifs qui se rapportent au nom et au pronom, répondent les **adverbes de manière**, qui se rapportent aux verbes, aux qualificatifs ou à d'autres adverbes.

1. Pronom démonstratif. — 2. Pronom conjonctif. — 3. Pronom personnel. — 4. Pronom indéfini. — 5. Pronom possessif.

Ils répondent également à la question *comment?* appliquée au verbe, à l'adjectif et à l'adverbe.

Il étudie *soigneusement*; il est *tout à fait* aimable; elle joue *extrêmement* bien du piano.

* 26. — La plupart des adverbes de cette catégorie se terminent en MENT : *sage*MENT, *prudem*MENT, *sensé*MENT.

D'autres ont diverses terminaisons : *Ainsi*, *bien*, *mieux*, *mal*, *pis*, etc. (41).

* 27. — Les adjectifs **déterminatifs** sont ainsi appelés parce qu'ils déterminent le mot auquel ils se rapportent et empêchent qu'il ne soit confondu avec tout autre.

Ils se divisent en adjectifs POSSESSIFS, DÉMONSTRATIFS, NUMÉRAUX et INDÉFINIS.

Ils diffèrent des pronoms analogues, en ce qu'ils accompagnent toujours un nom ou un pronom, tandis que les pronoms tiennent lieu du nom et de l'adjectif déterminatif.

* 28.—Les adjectifs **possessifs** déterminent le nom en indiquant qu'il est possédé : *mon* père, *ta* plume, *ses* vêtements.

Ces adjectifs sont, pour le singulier masculin : *mon*, *ton*, *son*, *notre*, *votre*, *leur*; pour le féminin : *ma*, *ta*, *sa*, *notre*, *votre*, *leur;* pour le pluriel des deux genres : *mes*, *tes*, *ses*, *nos*, *vos*, *leurs.*

Mon, *ton*, *son*, s'emploient pour *ma*, *ta*, *sa*, devant une voyelle ou un h muet.

Ma sœur est *mon* amie, et je sais *son* histoire.

* 29. — Les adjectifs **démonstratifs** déterminent le nom en indiquant qu'il est montré : *ce* vieillard, *cette* femme, *ces* hommes.

Ils n'ont que quatre formes : *ce*, et *cet* devant une voyelle ou un *h* muet, pour le masculin et le singulier; *cette* pour le féminin singulier; *ces* pour le pluriel des deux genres.

On ajoute quelquefois les adverbes *ci* et *là* aux noms qu'ils déterminent : *cet* arbre-*ci*, *cette* maison-*là.*

* 30. — Les adverbes qui répondent aux adjectifs démonstratifs sont les **adverbes de lieu :** *ci*, *ici*, *là*, *où*, *y*, *dedans*, *dehors*, etc. (45).

Ils répondent à la question *où*? « Venez *ici*. — *Où* faut-il venir? — *ici.* »

* 31. — Les **adjectifs numéraux** déterminent le nom en indiquant le nombre ou le rang : *Vingt* pommes ; le *troisième* arbre du jardin.

Il y en a de deux sortes : ceux qui servent à compter, et qu'on appelle CARDINAUX : *un*, *deux*, *trois*, *dix*, *cent*, *mille*, etc.

Ceux qui servent à ranger par ordre, qu'on appelle ORDINAUX : *premier*, *second*, *dixième*, *centième*, etc.

Il y a en outre des adjectifs numéraux INDÉTERMINÉS, qui marquent le nombre avec moins de précision : *quelque*, *tous*, *maint*, *plusieurs*.

Quelques enfants ; *plusieurs* hommes.

* 32. — A ces adjectifs répondent des adverbes, qui marquent aussi le nombre, les **adverbes de quantité** ; *beaucoup*, *peu*, *plus*, *moins*, *autant*, *combien*, etc. (50).

Ils répondent à la question *combien* ? et sont souvent suivis d'un nom précédé de la préposition *de* :

Beaucoup d'enfants ; *assez* de fleurs ; *plus* de cent hommes.

* 33. — Les **adjectifs indéfinis** n'ajoutent au nom qu'une détermination vague. *Certain* homme, un livre *quelconque*, je ne sais *quelle* personne.

Ces adjectifs sont : *certain*, *chaque*, *quel*, *quelconque*, *aucun*, *nul*.

Il faut y ajouter *quelque*, *tout*, lorsque ces mots ne désignent pas le nombre : En *quelques* lieux que vous alliez, *tout* homme.

Certains adjectifs indéfinis marquent une négation : *aucun*, *nul*.

* 34. — Aux adjectifs indéfinis correspondent les **adverbes de négation**, **de doute** : *non*, *ne.... pas*, *ne.... point*, *ne.... que*, *nullement*, *peut-être*.

Et les **adverbes d'affirmation** : *oui*, *si*, *certes*, *certainement*, etc. (52)

* 35. — Les **adverbes de temps** répondent à la question *quand?* Il a tonné *hier* ; il fera beau *demain*. *Quand* a-t-il tonné ? — *Hier*. *Quand* fera-t-il beau ? — *Demain*. Les principaux sont : *hier*, *aujourd'hui*, *demain*, *autrefois*, *maintenant*, *désormais*, *alors*, etc. (53).

L'adverbe composé de plusieurs mots prend le nom de LOCUTION ADVERBIALE : *à peine*, *tout à fait*, *tout à coup*, etc. (54).

II.

* 36. — Quand un adjectif, un adverbe de manière exprime la qualité simplement, on dit qu'il est au POSITIF : Cet enfant est *raisonnable*, il agit *raisonnablement*.

Quand on veut indiquer une comparaison dans cette qualité, on met l'adjectif ou l'adverbe au COMPARATIF : Il est *meilleur*, il est *plus raisonnable*,

Il y a trois COMPARATIFS :

1° Le comparatif d'INFÉRIORITÉ : Le chien est *moins sournois* que le chat ; il agit *moins sournoisement*.

2° Le comparatif d'ÉGALITÉ : Le chant du pinson est *aussi agréable* que celui du bouvreuil. Ces deux oiseaux chantent *aussi agréablement* l'un que l'autre.

3° Le comparatif de SUPÉRIORITÉ : Le serin est *plus joli* que le rossignol, mais le rossignol chante *plus agréablement*.

* 37. — Quelques adjectifs et quelques adverbes ont une forme particulière pour indiquer le comparatif de supériorité.

Bon, comparatif : *meilleur ; mauvais*, comparatif : *pire ; petit*, comparatif : *moindre*.

Bien, comparatif : *mieux ; mal*, comparatif : *pis ; peu*, comparatif : *moins ; beaucoup*, comparatif : *plus*.

On ne dit jamais *plus bon* ni *plus bien ;* mais on dit *plus mal*, *plus petit*, etc.

Il y a encore quatre autres adjectifs comparatifs moins usités :

Haut, comparatif : *supérieur ; bas*, comparatif : *inférieur ; grand*, comparatif : *majeur ; petit*, comparatif : *mineur*.

* 38. — Quand on veut indiquer que la qualité est portée à un très-haut degré, on se sert du SUPERLATIF : Le chat est *très-prudent*, le chat est *le plus prudent* des animaux.

Quand il n'y a pas de comparaison, c'est le SUPERLATIF ABSOLU : Le chat est *très*-prudent.

Quand il y a une comparaison comme dans le second exemple, c'est le *superlatif* RELATIF ou *comparatif*.

La fable suivante renferme des adjectifs et des adverbes de toutes les classes, ainsi que des comparatifs et des superlatifs :

LA CITROUILLE ET L'ORME.

« Mon[1] cher[2] voisin, que[3] tu croîs lentement![4] »
Disait un jour[5], du[8] ton le plus impertinent[6],
Une[9] citrouille à son[1] haut[2] voisin l'[7]orme;
« Tu prends cent[9] ans pour ton[1] accroissement;
Tandis que moi, tu vois, je suis énorme[2]!
Ça m'a coûté trois[9] mois.... Voyons, réveille-toi,
Sois aussi diligent[10] que moi!
— Ne[15] te vante pas tant[3] de ce[11] rare[2] mérite;
Mes[1] efforts sont moins prompts[12], mais plus persévérants[13].
Je croîs très-lentement[14], tandis que tu croîs vite[4],
Mais tu ne[15] vis qu'un jour et je dure mille[9] ans. »

CHAPITRE V.

VERBES.

I.

*39. — Le verbe prend un grand nombre de formes pour exprimer les circonstances de l'action ou de l'état qu'il exprime :

Circonstances de PERSONNES : Je *parle*, tu *parles*, il *parle*.

Circonstances de NOMBRE : Je *chante*, nous *chantons*.

Circonstances de TEMPS : Hier je *parlais*, je *parle* aujourd'hui, je *parlerai* demain.

Circonstances de MODE : Je *m'en vais* certainement; je *m'en irais* si je pouvais; *va t'en;* il faut qu'il *s'en aille; s'en aller*.

1. Adjectif possessif. — 2. Adjectif qualificatif. — 3. Adverbe de quantité. — 4. Adverbe de manière. — 5. Adverbe de temps. — 6 Adjectif au superlatif relatif — 7. Article. — 8. Article contracté. — 9 Adjectif numéral. — 10. Comparatif d'égalité. — 11. Adjectif démonstratif. — 12. Comparatif d'infériorité. — 13. Comparatif de supériorité. — 14. Adverbe superlatif absolu. — 15. Adverbe de négation.

*40. — Le **mode** indique dans quelles conditions se fait ce qui est indiqué par le verbe.

Si la chose est certaine, c'est l'INDICATIF : Je *chante*, j'ai *chanté*, je *chanterai*; je *suis*, je *fus*, je *serai*.

Si la chose ne doit se faire que sous une condition, c'est le CONDITIONNEL : Je *chanterais*, j'*aurais chanté*; je *serais*, j'*aurais été*.

Si la chose est commandée, c'est l'IMPÉRATIF : *Va*, *allons*; *sois*, *soyez*.

Si la chose est douteuse et dépend d'une autre, c'est le SUBJONCTIF : J'ordonne qu'il *paraisse*; je désire qu'il *soit* heureux.

Si l'on indique en général l'état ou l'action marquée par le verbe, c'est l'INFINITIF : *chanter*, *s'en aller*, *exister*.

Il y a donc cinq *modes*, quatre qui ont des personnes, ou modes PERSONNELS, et le cinquième, l'infinitif, qui n'en a pas et qui est par conséquent le mode IMPERSONNEL.

Les deux modes les plus employés sont l'indicatif et l'infinitif.

II.

*41. — Tous les verbes à un mode personnel ont un SUJET. Le sujet est le mot qui fait l'action du verbe quand le verbe désigne une action. Il répond à la question *qu'est-ce qui?* faite avant le verbe.

Le cheval court; la rivière est gelée; Babylone a existé.

Qu'est-ce qui *court?* le *cheval*; qu'est-ce qui est *gelé?* la *rivière*; qu'est-ce qui a existé? *Babylone*.

Le sujet est toujours sous-entendu à l'impératif, il l'est quelquefois aux autres modes.

Va t'en, lui dit-on; il prit ses livres et s'en alla.

Le sujet de *va t'en*, celui de *s'en alla* ne sont pas exprimés. C'est comme s'il y avait : (toi) *va t'en.... et* (il) *s'en alla*.

*42. — Les verbes se divisent en plusieurs classes.

La plupart peuvent se décomposer en un verbe qui marque l'existence, et un autre mot qui marque l'action : *marcher*, par exemple, c'est *être marchant*; *aimer*, c'est *être aimant*, etc.

On donne le nom de VERBE **substantif** au verbe ÊTRE, le seul qui ne se décompose pas.

*43. — Le verbe **passif** est celui dans lequel l'action, au lieu d'être faite par le sujet, est reçue par lui : *je suis battu*; les *brebis* sont *dévorées* par les loups.

*44. — Le verbe **actif** est le verbe passif renversé : les loups *dévorent* les brebis. Dans ces verbes l'action est faite par le sujet et reçue par un OBJET ; quand on met le verbe au passif, l'objet devient le sujet. L'objet, *la brebis*, s'appelle aussi COMPLÉMENT DIRECT, parce qu'il complète l'idée exprimée par le verbe directement, c'est-à-dire sans en être séparé par une préposition.

On reconnaît qu'un verbe est actif quand on peut mettre après lui *quelqu'un* ou *quelque chose*.

*45. — Le verbe **neutre** diffère du verbe actif, en ce qu'on ne peut en faire un verbe passif. L'action de ce verbe neutre est faite par le sujet, mais elle ne tombe pas sur un objet; il n'a jamais de complément direct : je *dors*, je *cours*, je *réfléchis*.

*46. — Les verbes **pronominaux** se conjuguent toujours avec deux pronoms de la même personne : *je me* repens, *tu te* souviens.

A la troisième personne, il peut y avoir un nom et un pronom.

Il y a parmi eux des verbes RÉFLÉCHIS dans lesquels l'action faite, par le sujet, revient sur le sujet lui-même : *je me* flatte; des verbes RÉCIPROQUES dans lesquelles les deux sujets sont aussi les objets : les deux armées *se* battent; c'est-à-dire l'une bat l'autre et l'autre bat l'une.

*47. — Les verbes **impersonnels** sont ceux dans lesquels le sujet n'est jamais une personne ou une chose : *il tonne, il vente, il faut, il est vrai.*

Le pronom *il* est le sujet GRAMMATICAL de ces verbes; mais le sujet RÉEL est souvent placé après, et c'est quelquefois toute une phrase.

Il pleut *des pierres*, c'est-à-dire *des pierres* pleuvent. Il vaut mieux *souffrir le mal que de le faire :* souffrir le mal vaut mieux que de le faire.

III.

*48. — Les verbes ont trois **temps** principaux : le **présent,** le **passé** et le **futur.**

Il n'y a qu'UN *présent;* mais il y a dans les verbes français SEPT *passés* et DEUX *futurs.*

Le *passé* **imparfait** indique en général une chose qui s'est faite dans le même temps qu'une autre, et le *passé* **plus-que-parfait** une chose qui s'est faite avant une autre.

Quand il *avait fini* il *recommençait.*

Le *passé* **défini** indique un temps complétement écoulé dont on précise l'époque. Il s'emploie pour un récit prolongé : j'*allai* hier à la campagne.

Le *passé* **indéfini** indique un temps passé en général, écoulé ou non, dont on précise ou dont on ne précise pas l'époque; il ne s'emploie pas pour un récit prolongé : je *suis allé* à la campagne.

Le *passé* **antérieur** indique une action accomplie immédiatement avant une autre : quand j'*eus* fini, je m'en allai.

Les deux autres passés sont peu usités.

Le **futur** *simple* ou *absolu* indique une chose qui se fera : j'*irai* à la campagne.

Le **futur antérieur** indique une chose qui se fera avant une autre : quand je *serai revenu* de la campagne, je me rendrai chez vous.

*49. — L'INDICATIF a le présent, les sept passés et les deux futurs.

Le CONDITIONNEL n'a que le présent et deux passés.

L'IMPÉRATIF a le présent et un futur antérieur peu usité.

Le SUBJONCTIF a le présent et les trois passés principaux : l'imparfait, le parfait et le plus-que-parfait.

L'INFINITIF et le PARTICIPE ont chacun un présent et un passé. Dans ces quatre derniers modes la forme du présent sert pour le futur.

Il y a deux participes passés, l'un actif : *ayant pris*, et l'autre passif : *pris*, *prise.*

Perrette, ayant *pris* son pot au lait... Perrette fut *prise* de frayeur.

Parmi les temps des verbes, les uns sont SIMPLES, c'est-à-dire se composent du verbe seul : je *tenais;* les autres sont COMPOSÉS du participe passé et d'un temps des verbes *avoir* ou *être* : *j'ai* tenu, je *suis* tenu. Ces deux verbes qui aident ainsi à conjuguer les autres ont reçu le nom d'AUXILIAIRES ou d'aides.

Le verbe *avoir* sert à conjuguer les verbes actifs, la plupart des verbes neutres et quelques verbes impersonnels.

Le verbe *être* sert à conjuguer quelques verbes neutres, les verbes passifs, les verbes pronominaux et quelques verbes impersonnels.

Voir les conjugaisons, pages 70 à 86.

La fable suivante renferme des verbes de toutes les classes avec leurs changements de modes, de temps et de personnes.

L'HIRONDELLE ET LE CHIEN.

« D'où vient[1] tout ce mouvement que je vois[2] parmi vos sœurs? demandait[3] un chien à une hirondelle affairée.

— Il pleut[4], répondit[5] l'hirondelle ; les feuilles tombent[1] ; le rappel général a été crié[6]; nous allons[1] partir[7]. Il ne faut[4] pas que le froid nous surprenne[8] ici. Nous reviendrons[9] quand les beaux jours seront revenus[10]. Et toi, tu ne viens[1] pas?

—Je vois[2] ce que c'est[11]: vous faites[2] comme les amis de la fortune. Vous partez[1] quand le malheur arrive[1]. Allez[14], puisque cela vous convient[1]. Quant à moi, je n'ai[2] garde de partir[7]. C'est[11] quand les temps sont[11] mauvais que nos amis ont[2] besoin de nous. Si je partais[12], mon maître souffrirait[13] de mon absence. Je resterai[9] avec lui jusqu'à ce qu'il meure[8] ou que je meure[8] moi-même.

1. Verbe neutre, indicatif présent. — 2. Verbe actif, indicatif présent. — 3. Verbe actif, indicatif passé imparfait. — 4. Verbe impersonnel, indicatif présent. — 5. Verbe actif, indicatif passé défini. — 6. Verbe passif, passé indéfini.— 7. Verbe neutre, infinitif. — 8. Verbe neutre, subjonctif présent dans le sens du futur. — 9. Verbe neutre, futur indicatif. — 10. Verbe neutre, futur antérieur indicatif. — 11. Verbe substantif, indicatif présent.— 12. Verbe neutre, indicatif passé imparfait. — 13. Verbe neutre, conditionnel présent. — 14. Verbe neutre, impératif.

CHAPITRE VI.

PROPOSITIONS.

I.

50*. — Une **proposition** est une affirmation composée d'un verbe à un mode personnel, avec son sujet et ses compléments.

Il y a par conséquent dans une PHRASE autant de PROPOSITIONS qu'il y a de verbes à un mode personnel. Les propositions qui commencent par un pronom conjonctif sont quelquefois enclavées les unes dans les autres.

L'aigle, — *qui aperçoit l'épervier,* — fond sur lui.... Tu aurais mieux fait, — *dit le chien* — de m'instruire par ton exemple.

*51. — Toute proposition : « Dieu est bon, » se compose d'un SUJET (Dieu), d'un VERBE (est) et d'un ATTRIBUT (bon).

L'attribut est souvent combiné avec le verbe : le lièvre *court*, c'est-à-dire, le lièvre *est courant*.

*52, — Le sujet peut être un nom, un pronom, un infinitif, un adverbe ou une proposition entière (75).

L'attribut est de même un adjectif ou un participe, un nom, un pronom, ou enfin un verbe avec lequel l'attribut se trouve combiné.

Le sujet peut être simple : le *chien* aboie ;
ou multiple : le *chien* et le *chat* jouent.

L'attribut peut être simple : l'homme vertueux est *aimé;*
ou composé : l'homme vertueux est *aimé* et *respecté.*

*53. — Le sujet et l'attribut ont souvent des COMPLÉMENTS. Il y a plusieurs sortes de compléments.

Le COMPLÉMENT **direct** ou **objet** répond à la question *quoi*? faite après le verbe, et peut toujours devenir le sujet du même verbe mis au passif.

L'objet peut être :

Un NOM : j'aime mon *chien;*

Un PRONOM : mon chien *m'*aime ;

Un INFINITIF : elle veut *partir ;*

Ou une réponse équivalant à une proposition : irez-vous Rome? *non*. Que lui répondrez-vous? *rien*.

Non, c'est-à-dire : Je n'irai pas à Rome. *Rien*, c'est-à-dire : J ne répondrai rien.

Enfin l'objet ou complément direct, peut être une PROPOSI TION ENTIÈRE : la cigale croyait *que la fourmi ne la refuserait pa*

*54. — Le complément direct n'est ordinairement précéd d'aucune préposition. Dans cette phrase cependant : l'oisea poussait *des cris ; des cris* est complément direct, malgré l préposition DE.

On reconnaît qu'un mot est complément direct, bien qu' soit précédé d'une préposition, lorsqu'on peut faire de ce mo le sujet du verbe mis au passif : *des cris étaient poussés.*

Le COMPLÉMENT **indirect** se rattache au verbe au moye d'une préposition : je vais *à* Paris ; je viens *de* Paris ; je par *pour* l'Italie.

*55. — Le COMPLÉMENT **circonstanciel** est un complémen indirect qui exprime des circonstances de temps, de lieu, d manière, de motifs (121).

Un jour d'automne, — *sous une pluie battante*, — un voyageur suivait, — *à travers une lande*, — un chemin semé d fondrières.

*56. — Le COMPLÉMENT **absolu** ou DÉTACHÉ est une sorte d complément circonstanciel qui ne se relie à aucun mot de l phrase et qui équivaut à une proposition.

L'*automne venu*, les oiseaux de passage émigrent en de pays plus chauds.

*57. — Le verbe et le participe sont les seuls mots qui puissent avoir un complément direct.

Le nom, le pronom, l'adjectif et l'adverbe peuvent avoir des compléments indirects aussi bien que le verbe.

On considère comme compléments du sujet les adjectifs et les propositions qui s'y rattachent. On considère de même comme compléments de l'attribut les adverbes et les propositions qui en dépendent.

Les compléments eux-mêmes peuvent avoir une proposition pour complément, comme dans cette phrase :

Un moineau prit une mouche *qui s'était posée sur un buisson.*

II.

Il y a des pronoms qui sont compléments indirects sans être précédés d'une préposition exprimée ni sous-entendue. Cela vient de ce que ces pronoms ont des *cas* ou *terminaisons particulières* pour exprimer le *sujet*, l'*objet* et quelques *compléments indirects.* L'ensemble de ces cas forme la *déclinaison.*

Le cas qui sert pour le *sujet* est le *nominatif* : *Je*, *tu*, *il*, *nous vous*, *ils*, *eux.*

Le cas qui sert pour l'*objet* est l'*accusatif* : *me* ou *moi*, *te* ou *toi*, *se* ou *soi*, *le*, *la*, *nous*, *vous*, *les*, *eux.*

Le cas qu'on emploie pour le complément indirect marqué par *à* est le *datif*, *me*, *te*, *se*, *lui*, *leur*, *y*.

Le cas qu'on emploie pour le complément indirect marqué par *de* est le *génitif* ; il n'a pour forme particulière que les pronoms *en* et *dont*, qui servent pour les personnes et les choses, aux deux genres et aux deux nombres.

Le pronom conjonctif se décline comme les pronoms personnels. Il a pour nominatif *qui*, pour accusatif *que*, pour génitif *dont*, et pour datif *où.*

La déclinaison de l'article n'est qu'une contraction des prépositions *de* et *à* avec l'article *le* et *les*, pour former *du*, *au*, *des*, *aux.*

III.

Les propositions se divisent en deux classes.

*58.—Les propositions **principales** qui sont indépendantes :

Gabriel prit, dans une armoire, une prune et une pêche....

Et les propositions **incidentes** qui dépendent des principales :

.... Qu'on avait mises en réserve.

La proposition incidente commence le plus souvent par un pronom conjonctif ou une conjonction autre que : *et*, *ou*, *ni*, *mais.*

*59.—Les propositions principales se divisent en PRINCIPALES **absolues**, qui occupent le premier rang dans la phrase :

Son chien Médor ne dit rien;

Et en PRINCIPALES **relatives**, qui, tout en étant indépendantes, n'occupent pas le premier rang :

Mais, à quelque temps de là, il s'empara d'un petit pain.

Les propositions *incidentes* se divisent également en INCIDENTES **déterminatives**, qui sont indispensables au sens et ne peuvent se retrancher :

.... D'un petit pain *qui* ne lui était pas destiné.

Et en INCIDENTES **explicatives**, que l'on peut retrancher sans nuire au sens.

.... Qu'on avait mises en réserve.

La proposition incidente se rattache soit au *sujet*, soit à l'*attribut*, soit au *complément* d'une proposition principale, ou d'une autre incidente, ou d'un complément quelconque de la principale ou de l'incidente. Il y a même des cas où une proposition principale sert de complément à une incidente. La phrase suivante en offre un exemple:

Ils entendirent des voix qui criaient : *Est-ce vous, mes enfants?*

On trouve dans la fable suivante les quatre espèces de propositions, avec les diverses modifications que peuvent présenter le sujet, l'attribut et les compléments.

L'ENFANT ET LE CHIEN.

Le petit Gabriel avait le malheur d'être gourmand.[1] — Un jour — qu'il était seul et non observé[2], — il prit dans une armoire une prune et une pêche[3] — qu'on avait mises en réserve[4] — et les mangea. — Son chien Médor, — qui l'avait vu[5], — ne dit rien; — mais à quelque temps de là, il s'empara d'un petit pain, — qui ne lui était pas destiné[6]. — « Il faut — que je te fouette[7], — s'écria Gabriel[8], — pour t'apprendre à respecter le bien d'autrui. » « — Tu aurais mieux fait de me l'apprendre par ton exemple[9], — dit le chien. « — La poire et la prune de l'autre jour m'ont servi de leçon[10]. — Commence par te corriger ; — cela fait[11], j'écouterai tes conseils, — et j'en profiterai. »

1. Principale absolue, sujet simple; attribut combiné avec le verbe, ayant un complément. — 2. Proposition incidente dépendant d'un complément circonstanciel; attribut composé. — 3. Attribut combiné avec le verbe ayant un double complément direct et deux compléments circonstanciels. — 4. Incidente explicative. — 5. Incidente explicative complément du sujet de la principale et enclavée dans cette proposition. — 6. Incidente déterminative dépendant du complément de la principale. — 7. Incidente déterminative avec un complément indirect qui, lui-même a un complément indirect. — 8. Principale placée après la proposition, qui est son complément direct. — 9. Proposition principale relative, très-longue, complément direct de la suivante (dit le Chien). — 10. Proposition principale ; sujet multiple. — 11. Complément absolu dépendant de la proposition : j'écouterai tes conseils.

CHAPITRE VII.

SYLLABES, LETTRES, SIGNES ORTHOGRAPHIQUES.

On appelle **syllabe** un mot ou une partie de mot qui se prononce en une fois.

Il y a toujours dans chaque syllabe une ou plusieurs **voyelles**.

*60. — L'alphabet français compte six voyelles : *a*, *e*, *i*, *o*, *u*, *y*. *A* est bref et sec dans *chatte*, et grave et long dans *blâme*. *E* est muet dans *sable;* fermé dans *bonté;* ouvert dans *succès*. *O* est ouvert dans *flotte* et fermé dans *dôme*.

Les sons EU, OU, s'écrivent par deux lettres ; on les appelle voyelles *composées*.

Les sons AN, EN, IN, ON, UN, sont appelés voyelles *nasales*.

*61. — Une **diphthongue** est la réunion dans la même syllabe de deux voyelles qui se prononcent séparément : amitIÉ, appUI.

*62. — Les **consonnes** sont les lettres qui ne peuvent se prononcer qu'en s'appuyant sur une voyelle. On en compte dix-neuf en français : *b*, c, *d*, *f*, *g*, *h*, *j*, *k*, *l*, *m*, *n*, *p*, *q*, *r*, s, *t*, *v*, *x*, z.

Le double w est une lettre étrangère qui se prononce *ou* dans les mots anglais, et *v* dans les mots des autres langues.

C et G se prononcent l'un comme *s*, l'autre comme *j*, devant *e* et *i*. Devant *a*, *o*, *u*, le *c* a le son du *k*, et le *g* un son particulier appelé *g* dur.

H n'a jamais de son en français : on le dit *aspiré*, quand il empêche la liaison de la dernière lettre du mot précédent avec la voyelle qui le suit : *lè Hollandais*, et non *lè zHollandais*.

Cette lettre en se joignant à *c* représente un son particulier : *chant;* elle sert à rendre le *g* dur devant *e* et *i* : *Enghien;* et elle donne au *p* le son de l'*f*, dans les mots tirés du grec : *philosophe*.

S se prononce comme *z* entre deux voyelles; dans les autres cas cette lettre a le son du *c* doux : *saison.*

L précédé d'un *i;* N précédé de *g;* G et Q suivis d'un *u*, rendent un son *mouillé* · sommeil, règne, guet, quai.

*63. — Une syllabe dans laquelle figure un *e* muet est une syllabe *muette*. Les autres sont des syllabes *sonores* ou *accentuées*.

*64. — Les ACCENTS *orthographiques* sont au nombre de trois. L'accent *aigu* qui se met souvent sur les *é* fermés; l'accent *grave* qui se met souvent sur les *è* ouverts, et l'accent *circonflexe* qui se met souvent sur les voyelles longues : *âge.*

L'accent grave placé sur *à* et sur *ù*, n'influe en rien sur la prononciation. Il distingue *à*, préposition, de *a*, verbe; *là*, adverbe, de *la*, pronom ou article; et *où*, adverbe, de *ou*, conjonction.

*65. — Le TRAIT D'UNION rapproche deux mots pour en former un seul : passe-port.

L'APOSTROPHE indique qu'une lettre a été supprimée : *l'amitié*, *l'homme*, *qu'il*, *s'il.* L'*a* ne se supprime ainsi que dans le pronom et l'article *la*, et l'*i* ne disparaît que dans *s'il.* L'*e* muet se remplace par l'apostrophe dans tous les petits mots.

La CÉDILLE (ç) se place sous le *ç* pour indiquer qu'il doit se prononcer comme *s* devant *a*, *o*, *u*.

Le TRÉMA se pose sur une voyelle qui ne doit pas faire diphthongue avec la précédente : *haïr.*

L'Orthographe enseigne l'art de se servir convenablement des lettres et des signes orthographiques pour représenter la langue parlée.

FIN DE LA PREMIÈRE PARTIE.

TABLE DES MATIÈRES

DE LA PREMIÈRE PARTIE.

FIN DE LA TABLE.

NOUVELLE PUBLICATION.

Physiologie des écoles, en vingt-sept leçons faciles, par Mme Charles Bray. Traduit sur la 3e édition anglaise, avec l'autorisation spéciale de l'auteur, par B. Maurice, de l'ancienne École normale supérieure. 1 vol. gr. in-18, avec figures dans le texte, cartonné.. 1 fr. 25 c.

L'introduction de cet ouvrage dans les établissements d'instruction publique est autorisée par décision de S. Exc. M. le Ministre de l'instruction publique, en date du 8 décembre 1863.

Je regarde le petit livre de mistress Charles Bray : *Physiologie des écoles, en vingt-sept leçons faciles*, comme un des ouvrages les mieux faits et les mieux appropriés à leur objet. M. Maurice a rendu un véritable service à l'enseignement élémentaire de notre pays en le dotant d'une traduction claire, élégante et simple de cet excellent traité. Les notions d'hygiène très-pratiques qui forment une partie des leçons de Mme Bray ont un caractère d'utilité incontestable qui ajoute beaucoup au mérite singulier de cette *Physiologie des écoles*. Je joins très-volontiers mon témoignage à tous ceux qui l'ont déjà recommandé au public.

A. Tardieu,

Doyen de la Faculté de médecine de Paris, professeur de médecine légale à la Faculté de médecine, médecin de l'hôpital Lariboisière, membre du comité consultatif d'hygiène et de l'Académie de médecine.

Je considère ce livre, avec sa forme tout élémentaire, comme parfaitement approprié au but que s'est proposé l'auteur. Les notions hygiéniques, les déductions morales et religieuses habilement disséminées dans l'ouvrage, lui donnent, à différents points de vue, un caractère d'utilité incontestable. Je forme donc des vœux pour qu'il obtienne, dans le public, tout le succès qu'il mérite.

Longet,

Médecin de l'Empereur, professeur de physiologie à la Faculté de médecine de Paris, membre de l'Institut et de l'Académie de médecine de Paris.

PARIS. — IMPRIMERIE DE CH. LAHURE
Rue de Fleurus, 9

www.ingramcontent.com/pod-product-compliance
Ingram Content Group UK Ltd.
Pitfield, Milton Keynes, MK11 3LW, UK
UKHW012037240726
13965UKWH00003B/863

9 782013 074322